JN187228

もったいないばあさんの知恵袋

講談社

もくじ

わたしが
もったいないばあさんじゃよ
よろしくね

まえがき

私は絵本を作る仕事をしています。当時四歳だった息子に「もったいないってどういう意味？」と聞かれ、ひとことでうまく答えられなかったことがきっかけで『もったいないばあさん』という絵本が生まれました。

もったいないことをしていたら、「もったいなーい」と言いながら、どこからともなく現れるこのおばあさんは、どうしたらもったいなくなるかを、楽しく教えてくれます。

母や祖母から「もったいない」と言われて育った私は、食べ残しをしたり、むだに捨てるようなことをすると罪悪感を感じますが、自分が母親になってみると、忙しさから「残してもいいから早くして」と子どもに言っていたことに気がつきました。物が壊れても、修理するより買ったほうが安いものがあふれている日常では、子どもたちが「もったいない」の意味がわからなくても仕方がないかもしれない。だけどこのままでは、未来の社会はどうなってしまうんだろう、とこわくなりました。

「もったいない」は仏教の言葉で、仏教には「すべてのものは仏になる。すべてのものには命がある。命あるものを粗末にするのはもったいない」という教えがあるとの説話を伺い、「もったいない」は、命の大切さを伝える言葉なのだと知りました。ものを大切にすること、自然の恵みに感謝して残さないようにいただくこと、もったいないと思う心も、子どもたちに伝えていきたいと願っています。

毎日新聞で十年以上続く連載「もったいないばあさん日記」は、季節の風習や伝統行事、和の文化、昔ながらの知恵などをご紹介しながら、もったいないばあさんがどんな時に「もったいない」と思うのか、日々の暮らしや人となりを描いています。このたび、その連載に、季節の話題や年中行事、暮らしに役立つ知恵袋のようなお話を加筆して一冊の本を作りました。

もったいないばあさんだからこそ言えること、大切に伝えていきたいことをまとめたこの本が、読者の皆さまのお役に立ちますように——。

新暦と旧暦

暦のはじまりは、月の満ち欠けを基にした太陰暦と考えられています。月の満ち欠けは、およそ二十九日半で一周し、これを一ヵ月とする太陰暦の一年間の日数は、太陽歴（新暦）より約十一日短くなり、季節とずれていくことになります。

日本では七世紀ごろに、太陽の動きに合わせて一年を二十四等分する二十四節気を太陰暦に取り入れた太陰太陽歴（旧暦）が中国から伝えられ、これに日本独自の雑節を加えたものが使われてきました（200〜201ページ参照）。

今、私たちが使っているのは、地球が太陽のまわりを一周する時間を一年と考える太陽歴です。この暦に移行するとき、旧暦と新暦とでは約一ヵ月のずれがありましたが、旧暦明治五年十二月二日の次の日が新暦の明治六年一月一日と決められました。

年中行事については、旧暦から新暦に変わったときに、ひな祭りや端午の節供など、新暦になっても同じ日付のものと、十五夜など、旧暦のまま行われるもの、また、お盆のように、行われる時期が場所によって分かれたものがあります。

季節の節目に、収穫を祝い、自然の恵みに感謝し、家族の幸せを願う年中行事。

そこには、旧暦に由来するものがたくさん残っていて、旧暦は今も、季節のうつりかわりを楽しむ私たちの暮らしの中で生かされています。

もったいないばあさんの歳時記

一月 睦月《むつき》

新しい年の始まりに、家族や親しい人たちが集い、仲睦《なかむつ》まじく過ごすことから、「睦月」。他に、稲の実を初めて水にひたす月、「実月」が転じたとする説などがある。新暦一月は、旧暦の十二月ごろ。

あけまして
おめでとうございます
今年ももったいないこと
しないようにね

お正月

1月1日〜7日

元旦（1月1日の朝）、日の出とともにやってこられる年神様をお迎えして、新しい年の健康と幸せ、豊かな実りを祈るお正月。1日を元日、3日までを三が日、7日までを松の内とよぶ。この期間に行われることには、それぞれに深い意味がこめられているんじゃよ。

門松

年神様がおりてこられるときの目印。

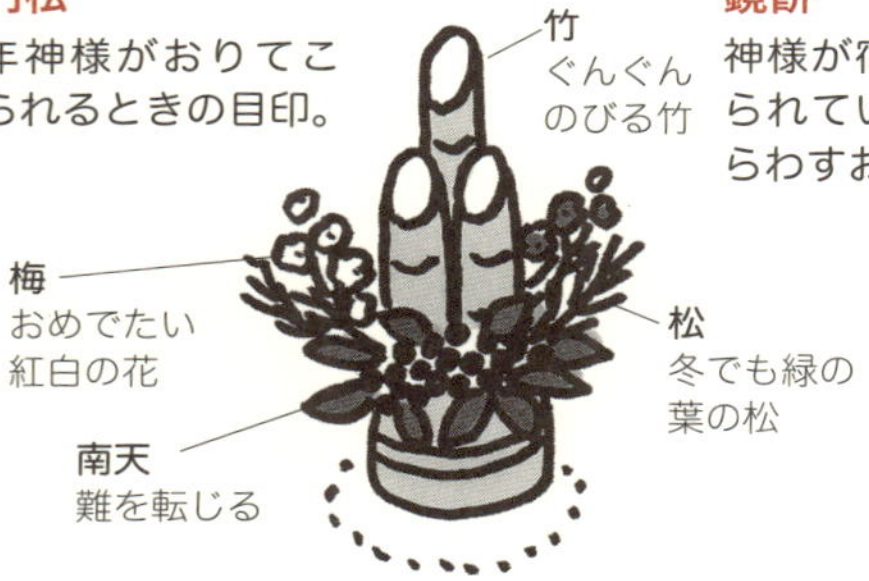
竹
ぐんぐん
のびる竹
梅
おめでたい
紅白の花
松
冬でも緑の
葉の松
南天
難を転じる

鏡餅

神様が宿ると考えられている鏡をあらわすお餅。

しめ飾り

年神様をお迎えする準備がととのっている場所をあらわすもの。

橙（だいだい） 家が代々栄えるように
縄 稲わらで編んだ縄で、豊かな実りを願う
ゆずり葉 家がゆずられ続くこと、子孫繁栄を願って
うらじろ 裏が白＝後ろ暗いところがない

おせち料理

おめでたい意味がこめられたお正月の料理。お重を重ねるのは、めでたさが「重なる」ように願ってのこと。年神様のために準備された料理をみんなでいただいて、お正月を祝うようになったんじゃ。

一の重 祝い肴（ざかな）
黒豆 まめまめしく
田作り（ごまめ） 五万米とも書き、作物がたくさん実るように
だて巻き 巻物をあらわす。もの知りになるように
こぶ巻き よろこぶ
数の子 子孫繁栄を願って

二の重 焼きものと酢のもの
タイ めでたい
えび 腰が曲がるまで長生きできるように
紅白なます 大根とにんじんのように根をはるように

三の重 煮しめ
れんこん 見通しよく
ごぼう 根が長いことから長生きを願って
タケノコ ぐんぐんのびるように
くわい 上へ芽が出るように

お屠蘇（とそ）

山椒（さんしょう）や陳皮（ちんぴ）、ききょう、桂皮などを漬けた健康によいお酒。元旦に3つ重ねた杯で若い人から順番に飲むと、いつまでも若くいられて病気にもならないとされている。

おぞうに

地方によって、さまざまな種類があるおぞうに。中に入れるお餅には年神様が宿るとされているよ。関東風は角餅、関西風は丸餅のところが多い。

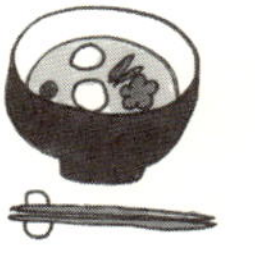

小寒《しょうかん》

1月5日ごろ

寒の入り。このころから冬の寒さが厳しくなっていく。小寒の後の新年のあいさつは、寒中見舞いに。

七草粥《ななくさがゆ》

1月7日

人日《じんじつ》の節供。七草の節供ともよばれ、春の七草のお粥を食べる日。江戸時代には武家の大事な祝日だった。身近に生えている草を食べて風邪を追い払う、昔ながらの知恵なんじゃ。

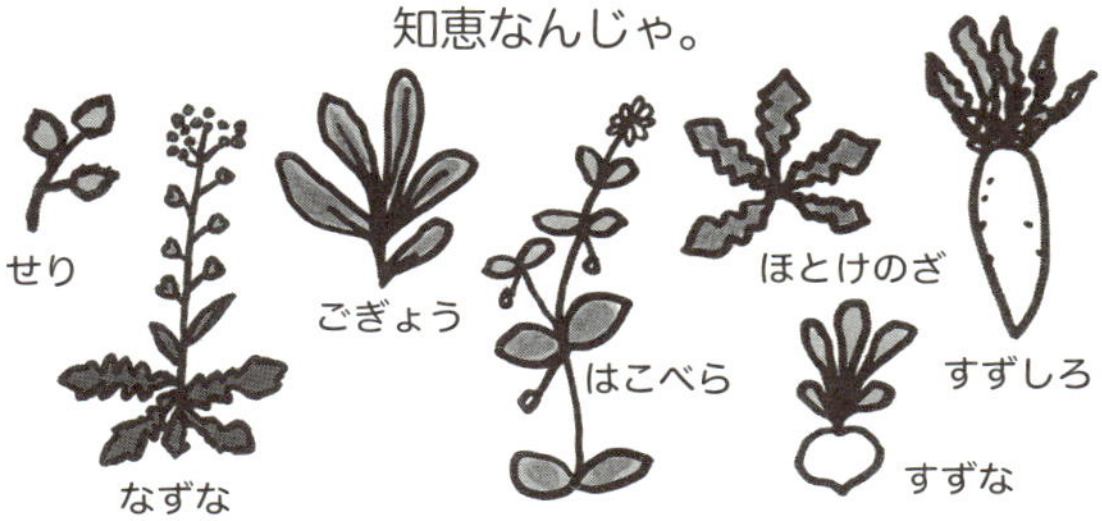

鏡開き

1月11日

お正月にお供えしていた鏡餅をおさがりにいただく日。年神様が宿った鏡餅をいただくと、その年をすこやかに過ごすことができるという。神様とのご縁を切らないように木槌などで小さくして、「開く」という表現を使う。

小正月

1月15日

小正月は豊作を願う行事。魔よけになる赤い小豆のお粥を食べて風邪しらず。無病息災、五穀豊穣を願って、お正月飾りなどを焼く「どんど焼き」をすることもあるんじゃよ。

大寒《だいかん》

1月21日ごろ

一年でいちばん寒いころ。寒の内の真ん中にあたる。

季節のもの 1月

ブリ

出世魚のブリのような成功を願って、おせち料理にも入れられるよ。

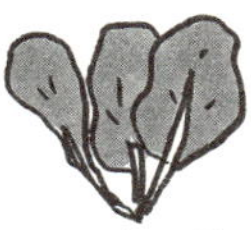

ほうれん草

スルメイカ

二月 如月《きさらぎ》

漢字は、中国最古の辞書にある「二月を如となす」ということばから。読みは、寒さで衣服を重ね着する様から、「衣更着《きさらぎ》」になったとされている。春に向かい草木の芽が張りだすことで「草木張り月」から転じたという説も。新暦二月は、旧暦の一月ごろ。

節分

2月3日ごろ

昔々、立春が一年の始まりでその前の日の節分が一年の終わりだったころ、悪いことが起きたり病気がはやったりするのは、鬼の仕業だと考えられていた。そこで、一年の終わりに鬼と悪いことを払って、新しい年に福を迎えようと、豆をまくようになったんじゃ。

豆まき

強い生命力のある豆は、魔よけの力があるといわれている。「魔の目（鬼の目）に豆を投げつけて魔を滅する」という語呂合わせの意味も。

お豆

火で炒り、邪気を払った福豆。この一年、健康で幸せに過ごせますようにと願いをこめて、歳の数だけ食べる風習があるよ。

柊刺し

柊鰯、または、焼嗅（やいかがし）ともいわれる。焼いたイワシの頭を柊の枝に刺しておくと、鬼が来ないという。

鬼

鬼がやってくるという、鬼門の方角は丑寅（艮：うしとら）。だから、鬼は牛の角と虎の牙を持ち、虎皮のパンツや腰巻き姿なんじゃと。この方角を時刻に置きかえると夜中の2時から4時くらいになるため、鬼があらわれるのは真夜中のこの時間帯とされている。

立春《りっしゅん》

2月4日ごろ

暦の上では、春の始まりの日。禅寺では、立春の朝に、左右対称で縁起のいい4つの漢字「立春大吉」を門に貼って、厄よけ祈願が行われる。一年間災難にあいませんように。

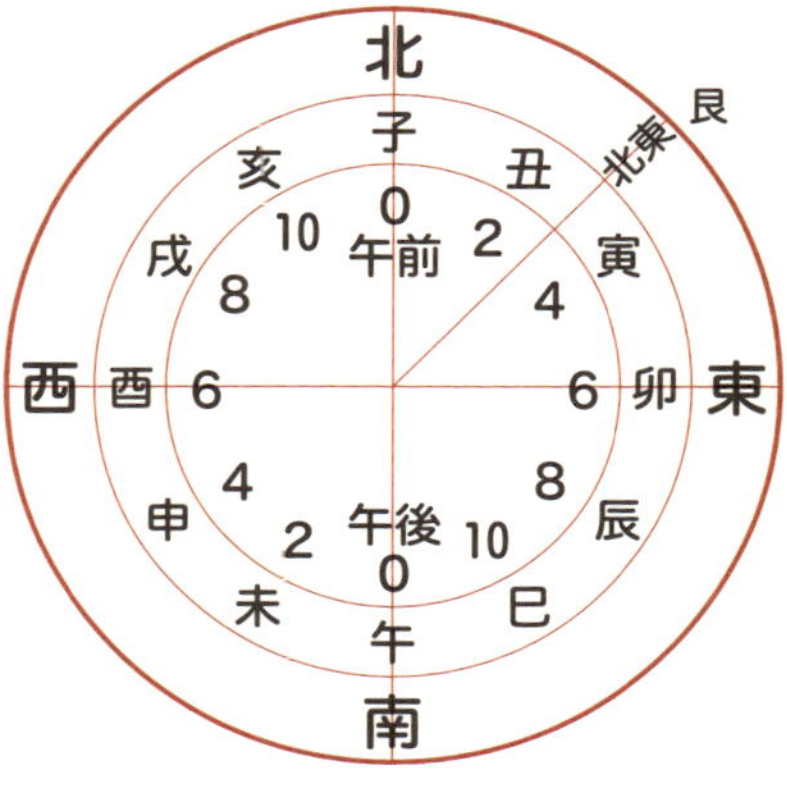

出欠

出欠をとりまーす
赤鬼さーん

青鬼さーん

黄鬼さーん

ばあさーん

針供養

2月8日

みんなが和服を着ていたころ、お針仕事はとても大切な仕事で、針をよく使っていた。折れてしまった針は捨てずにためておいて、この日に豆腐やこんにゃく、お餅などに刺して供養し、お裁縫がうまくなるようにと願ったんじゃ。

雨水《うすい》

2月19日ごろ

空から降るものが雪から雨に変わり、冬の間に降りつもった雪がとけて、せせらぎになるころ。春一番が吹きはじめる。

風邪の養生

風邪はひきはじめの養生が大事。ひどくならないようにね。

- 寒気がしたら、しょうが湯を飲んですぐに寝よう。
- のどの痛みや咳には、大根を切ってハチミツに漬けておいた汁を。

大根ハチミツ

- 鼻づまりはねぎを切って鼻に当てると、すーっと通りがよくなるよ。
- 玉ねぎを切って枕元に置いておくと、鼻水や咳にも効いて、よく眠れる。
- からだをあたためてくれる食材はかぼちゃ、ニラ、玉ねぎ、ねぎ、しょうが、カブ、にんじん、山芋など。あったかいスープにしたらおいしいね。
- 手洗い、うがいも忘れずに。

季節のもの 2月

ワカサギ

ふきのとう
雪がとけはじめるころに顔を出す。春を告げる山菜。

梅

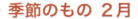

弥生《やよい》 三月

暖かな陽気に草木がだんだん芽吹き茂る月。「草木がいよいよ生い茂る」の「弥生《いやおい》」が変化して「弥生」に、との説が有力。新暦三月は、旧暦の二月ごろ。

ひな祭り

3月3日

女の子の成長を願い、ひな人形を飾るお祭りの日。もともとは、中国から伝えられた上巳《じょうし》の節供のお払い行事で、上巳とは、旧暦3月の最初の巳《み》の日のこと。3月3日は、旧暦ではちょうど桃の花が咲く時期なので、桃の節供ともよばれるようになったんじゃ。上巳の日に災難をさけるため、川で身を清める中国の風習が日本に伝わり、紙で作った人形《ひとがた》を川や海に流し、厄を払う流しびなになったといわれているよ。

ひな人形

ひな祭りは、流しびなと平安時代の貴族の人形遊び「ひいなあそび」が起源で、江戸時代に庶民に伝わり、女の子の幸せを願うお祝いの行事として広まった。雨水（2月19日ごろ）の日におひな様を飾ると良縁に恵まれ、3月3日を過ぎて飾っていると、縁遠くなるという言い伝えがあるんじゃよ。だから早めにしまおうね。関東では向かって左がおびな、右がめびな。関西では左右逆に飾られる。

ちらし寿司

「寿を司る」と書くお寿司は、お祝いの席で食べるのによいとされている。色とりどりのお寿司は、華やかで春らしいね。

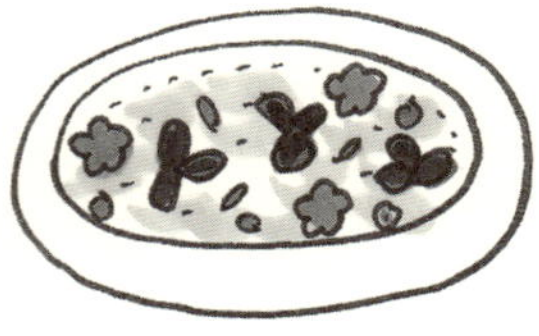

白酒と甘酒

白酒は、蒸した餅米にこうじとみりんなどを混ぜて造ったお酒。邪気を払うといわれているよ。甘酒は、お粥にこうじを加えたもので、子どもも飲めるもの。

蛤のお吸い物

蛤は対の貝殻としか合わないことから、よい結婚相手と結ばれるようにとの願いをこめて。

ひし餅

上から赤、白、緑の3色を重ねたお餅。赤は魔よけ、白は清らかさ、緑は健康などの意味がある。

ひなあられ

餅や豆に関東では砂糖、関西では醤油や塩をからめて炒ったもの。昔は、炒ったときの爆（は）ぜ具合でその年の吉凶を占ったそうな。

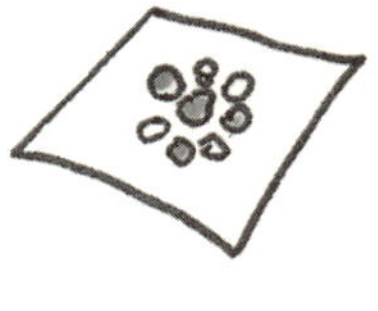

はる

啓蟄《けいちつ》
3月5日ごろ

寒さがやわらいで、冬ごもりしていた虫が外にはい出してくるころ。

春分
3月21日ごろ

立春と立夏の真ん中の日。春分と秋分の日の年2回、太陽が真東からのぼり、真西に沈んで、昼と夜の長さがほぼ同じになる。仏教では極楽は西にあると考えられているため、極楽に通じやすい日として、この日を中心にお彼岸のお墓参りをするんじゃよ。

春のお彼岸
春分の日と前後3日ずつ、合計7日間

春は、ぼたんの花にちなんでぼた餅を作ってお供えする。お彼岸にぼた餅を作るのは、貴重だった小豆やお米をお供えして、ご先祖様、亡くなった人たちを大事に思う気持ちを伝えるため。

季節のもの 3月

たらの芽
山菜の王様。てんぷらで。

ふき
葉はふき味噌、茎は煮物に。

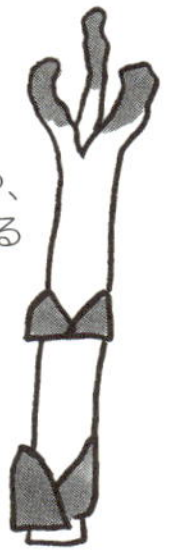

山うど
酢味噌和えや、きんぴらにするとおいしいよ。

ゼンマイ、ワラビ
〈アク抜き方法〉灰または重曹をふりかけて、熱湯を回しかけ、落としぶたをしてひと晩おく。水洗いして煮物などに。

四月
卯月《うづき》

卯の花（ウツギの花）が咲く季節であることから「卯の花月」が略されて、「卯月」。稲を植える月で「植月（うえつき・うつき）」が転じたとする説も。新暦四月は、旧暦の三月ごろ。

お花見

時代は変わっても、桜を愛でる心は同じ。昔から、満開の桜の下で花を見て楽しむ宴が開かれてきたんじゃよ。

桜前線

たてに長い日本では、南から北へ１ヵ月半ほどかけて桜の花の開花場所が移っていく。空から見たら、きれいじゃろうね。

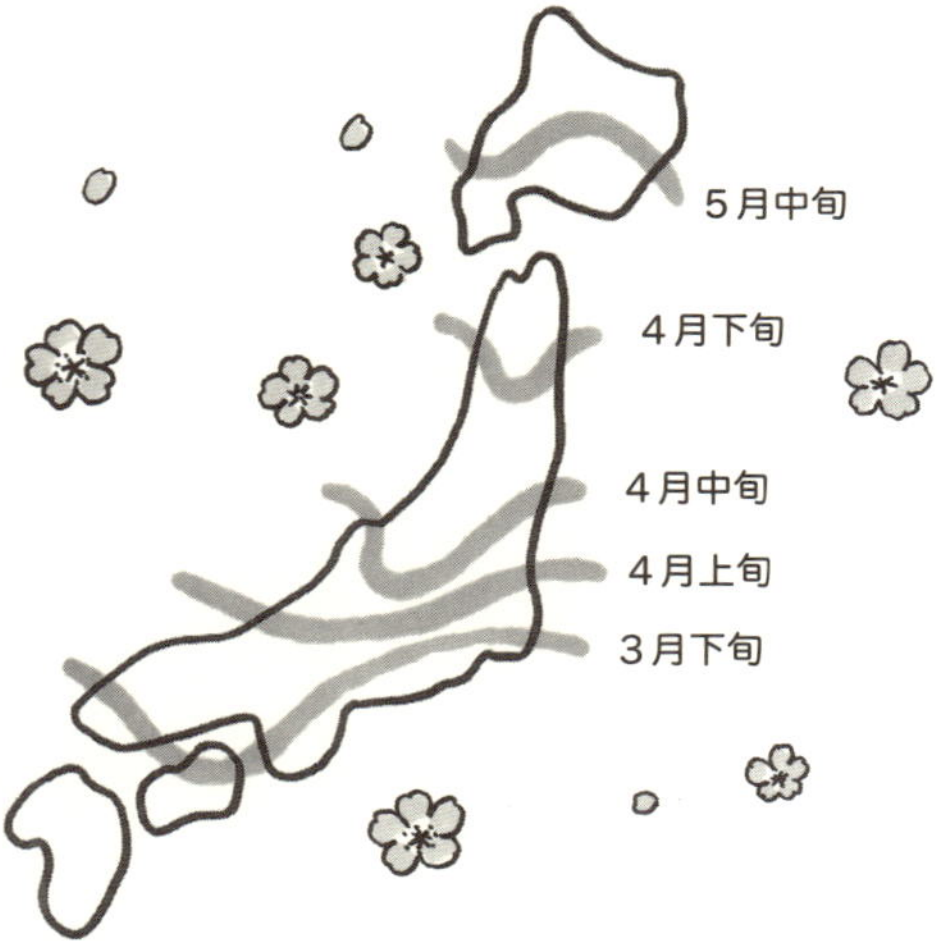

桜いろいろ

染井吉野…………桜前線と開花情報で言う桜は、染井吉野のこと

八重桜……………花が八重咲きになる桜。桜の花の塩漬けに使われる

大島桜……………伊豆諸島に多く咲く。桜餅を包むのは、香りのよい大島桜の葉

山桜………………野生の桜の代表。白や淡いピンクの花が若葉といっしょに出てくるよ

枝垂(しだ)れ桜…江戸彼岸の一種。細い枝が柳のように垂れ下がり、風流な姿で花を咲かせる

豆桜………………お豆のように小さなかわいい花が咲く

桜の花のおにぎり

ごはんに、梅酢と梅干し漬けに入っている赤シソをきざんだもの、またはゆかりを混ぜこんで、おにぎりに。真ん中に柚子の皮のせん切りをのせるとお花みたいじゃよ。

桜餅

関東風は皮に小麦粉を使い、関西風は道明寺粉をこねて作る。

桜湯

子どもたちにも湯飲みに桜の花の塩漬けをうかべて、お花見の乾杯。

てくしー

清明《せいめい》
4月5日ごろ

すべてのものが清らかで明るく生き生きとするころ。新芽が顔を出し、花がほころび、鳥がさえずる。野山に命輝く季節の始まり。

お花祭り 灌仏会《かんぶつえ》
4月8日

お釈迦様の生まれた日。お釈迦様が生まれたときに天から九竜がおりてきて、清い水、甘露の雨を降らせたという言い伝えがある。お寺ではお花で飾られたお堂の仏様に甘茶をそそいで、お祝いするお祭りが開かれているよ。関西では5月8日に行われる。

入学式
4月上旬

1年生のみなさんおめでとうございます。新しい生活でももったいないことしないようにがんばってください。

穀雨《こくう》
4月20日ごろ

田畑をうるおし、穀物を育てる春の雨が降るころ。

季節のもの 4月

アサリ

タンポポ
日本の在来種は春にだけ花を咲かせる。

サヤエンドウ
ハリとツヤのある平たいものがおいしいよ。

初鰹
カツオの旬は、春と秋の戻り鰹の年2回。初物好きの江戸っ子たちにとってはあこがれの的で、人より早く食べるのが粋とされていた。

五月

皐月《さつき》

新暦の五月は、旧暦の四月ごろで、田植えの月。耕作を意味する古いことば「さ」から、稲作の月として「さ月」、「皐月」。

八十八夜

5月2日ごろ

立春から数えて88（八十八）日目の夜。「米」という字が「八十八」と書くことから、農業の吉日と考えられ、苗代のもみまきをする日に。また、この日に摘んだ茶葉は不老長寿を願う縁起物とされてきたんじゃよ。

端午《たんご》の節供

5月5日

江戸時代、武士の家では男の子が生まれたことを知らせるために幟《のぼり》を立てた。それをまねて、町人たちが鯉の吹き流しを和紙で作り、立てたのが始まりといわれている。鯉は滝をのぼって竜になるという中国の古い言い伝えと、生命力の強い鯉にあやかり、子どもの成長と成功を願って鯉のぼりを高くあげるようになったんじゃ。

柏餅

柏の木の葉でくるんだお餅。昔から神が宿るとされてきた柏の木は、新芽が育つまで古い葉っぱが落ちないことから、子孫繁栄を願って。

ちまき

餅米を笹の葉などに包んで蒸したもの。中国から伝えられ、古くは生命力のある茅（ちがや）の葉で包まれていたそうな。

しょうぶ湯

端午の節供のお風呂。しょうぶの葉はお湯を張るときから束ねて入れて、さわやかな香りを楽しもう。薬草として使われたり、厄を払う効果があると考えられてきたしょうぶ。軒先に吊して魔よけにしたり、音をたてて地面を打つことで邪気を払ったり、「勝負」と同じ読みのしょうぶの葉を鉢巻きにして、強い子に育つよう願う風習もあるんじゃよ。

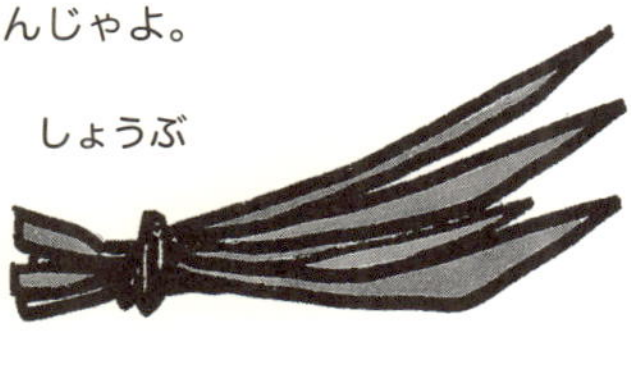

立夏
5月6日ごろ

暦の上では夏の始まり。五月晴れが続き、気持ちのいい季節じゃね。カエルが鳴きはじめ、ミミズやタケノコも顔を出す。

母の日
5月の第2日曜日

お母さんに感謝の気持ち、伝えないのはもったいない。アメリカ人のアンナさんのお母さんは、困っている人を助ける活動をしていた。そのお母さんが亡くなったとき、葬儀に来てくれた人たちに白いカーネーションを配ったのが始まりといわれているよ。

小満《しょうまん》
5月21日ごろ

生きものの命が満ちていくころ。木々や草花、虫、鳥たちが陽を浴び、生き生き育ち、のびていく。

お田植え神事

豊作を願うご神事として行われるもの。機械のない時代、田植えは大変な作業で、地域社会の中で助け合って行われていた。昔ながらの田植えの様子を後世に伝えようと、田植え歌を歌いながら働く姿が披露される。

季節のもの 5月

タケノコ
〈ゆで方〉
穂先を斜めに切り落とし、残りの部分にたてに切り目を入れる。たっぷりの水にぬかとタカノツメとタケノコを入れて、20～40分ゆで、火をとめてそのまま自然にさます。

よもぎ
すりつぶしたよもぎを混ぜた餅にあんこを入れて、よもぎ餅に。

空豆
天に向かってさやがのびるから、空豆。

六月 水《み》無《な》月《づき》

旧暦では梅雨が明け、晴れ続きで「水の無い月」とする説や、「無」は「の」という意味があり、田に水を引く月であることから「水の月」、「水無月」とする説がある。新暦の六月は、旧暦の五月ごろ。

芒《ぼう》種《しゅ》

6月6日ごろ

稲や麦など穂の出る穀物の種をまくころ。芒《のぎ》とは、イネ科の植物の穂先についている硬い毛のこと。

入《にゅう》梅《ばい》

6月11日ごろ

梅の実がなり、作物を育てる恵みの雨が降るころ。各地で田植えが行われる。

雨の名前いろいろ

春雨……………………しとしと降る春の雨
菜種梅雨………………菜の花が咲くころの長雨
五月雨（さみだれ）…旧暦5月の長雨、梅雨のこと
篠つく雨………………細い笹や竹の束を落とすようにはげしく降る雨
時雨（しぐれ）………秋の終わりから冬にかけて、ぱらぱらと降る通り雨
キツネの嫁入り……晴れているのに降ってくる雨。天気雨
青葉雨…………………青葉をみずみずしく見せる雨
氷雨……………………秋の終わりから冬の始まりごろの冷たい雨
夕立……………………夏の午後から夕方にかけて、突然降りだすどしゃぶりの雨
にわか雨………………急に降りだして、まもなくやむ雨

こっちの田んぼからあっちの田んぼ、カエルの行列の雨あがり。

父の日

6月の第3日曜日

お父さんにもいつもありがとう。感謝の気持ち、伝えないのはもったいない。

夏《げ》至《し》

6月21日ごろ

昼の長さがいちばん長く、夜が短い日。夏至のころは、三重県二《ふた》見《み》浦《がうら》の夫《めお》婦《と》岩《いわ》の間から朝日がのぼるのを見られるよ。

雨よほう

お茶わんの
ごはんつぶが
きれいにとれたら
雨が降る
けむりが
真上にのぼると晴れ
横にたなびくと雨
ツバメが
低くとぶと雨
ネコが
かおを
あらうと雨
もったいないばあさんが
もったいないことしたら雨
しませんよ

梅雨どきのお手入れ

雨が続いて湿気が多くなる時期。カビが生えないように気をつけよう。

- 排水口や洗面台などカビが生えそうなところには、水で薄めたお酢をふりかけておくといい。
- まな板は、熱湯をかけた後、お日さまに干す。
- 押し入れは、すのこを使って、空気の流れをよくし、風を通す。
- じめじめぬれたくつには、新聞紙を丸めて入れて。
- ぬれた傘もひろげて干しておこうね。

季節のもの 6月

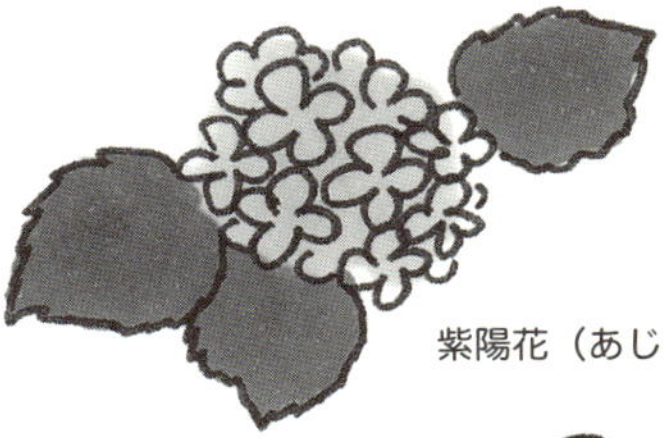

紫陽花（あじさい）

ビワ

ビワの葉は痛いところや肩こりなどに当てると痛みがやわらぎ、乾燥させてお茶にすると、咳止めになるといわれている。種は焼酎に漬けて、虫さされの薬に。「ビワは医者いらず」といわれ、重宝されてきたんじゃよ。

さくらんぼ

さくらんぼの種は中が空洞になっている天然の断熱材。食べた後の種を集めて洗って干して、種枕を作ってみよう。夏は冷たくして頭を冷やし、冬はあたためて首や肩にのせると気持ちがいい。

ホタル

ゲンジボタルの次にあらわれる、少し小さなヘイケボタル。ゲンジとヘイケでは光り方が違うという。そして、ゲンジボタルは棲むところによっても光り方が変わり、東のほうは4秒に1回、西のほうでは2秒に1回なんじゃって。

七月 文月《ふみづき》

稲穂がふくらみ育つ月ということで「ふくらみ月」から「ふみ月」、「ふくみ月」に。また、短冊に歌や字を書く七夕の行事から「文月」になったともいわれている。新暦七月は、旧暦の六月ごろ。

半夏生《はんげしょう》
7月1日ごろ

夏至から数えて11日目。田植えが終わり、農家の忙しさが一段落。半夏（烏柄杓《からすびしゃく》）が生えはじめて、梅雨もそろそろ終わりごろ。

七夕
7月7日

短冊に願いごとを書いて笹竹に飾り、夜空の星に願いをこめてお祭りする行事。中国の星伝説と乞巧奠《きっこうでん》、日本古来の「棚機女《たなばたつめ》」の伝説がむすびついて、七夕の行事になったといわれているよ。笹竹に願いごとを書いた短冊を飾るようになったのは、江戸時代になってから。七夕が終わると、笹と飾りを川や海に流すことで願いがかなうと信じられていたんじゃよ。

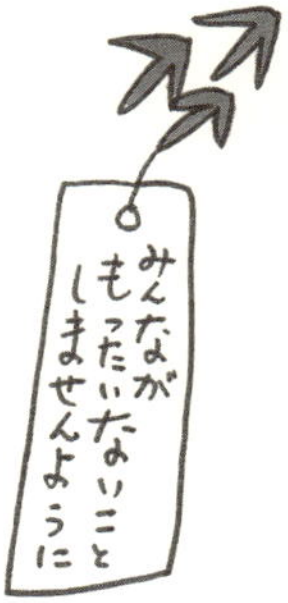

中国の星伝説

昔、天の川の西に布を織るのが上手な織女、東に牽牛という牛飼いの青年が住んでいた。結婚した二人は仲睦まじくするばかりで仕事をしなくなり、天帝の怒りをかって、一年に一度、7月7日の夜以外は会ってはならぬと命じられたという。

乞巧奠

七夕の夜にお供えものをして、短冊に歌や文字を書き、裁縫や書道の上達を願った中国の古いならわし。

棚機女

棚機女は、美しい衣を織る乙女のこと。日本では古くから、機織りをして織りあがった布をお供えし、悪いことが起こらないように願う行事があったんじゃ。

夏の大三角形

夏の夜、東の空にあらわれる3つの明るい星、わし座のアルタイル（牽牛星・彦星）、こと座のベガ（織女星・織姫星）と、はくちょう座のデネブで作られる三角形。

夏の大三角形

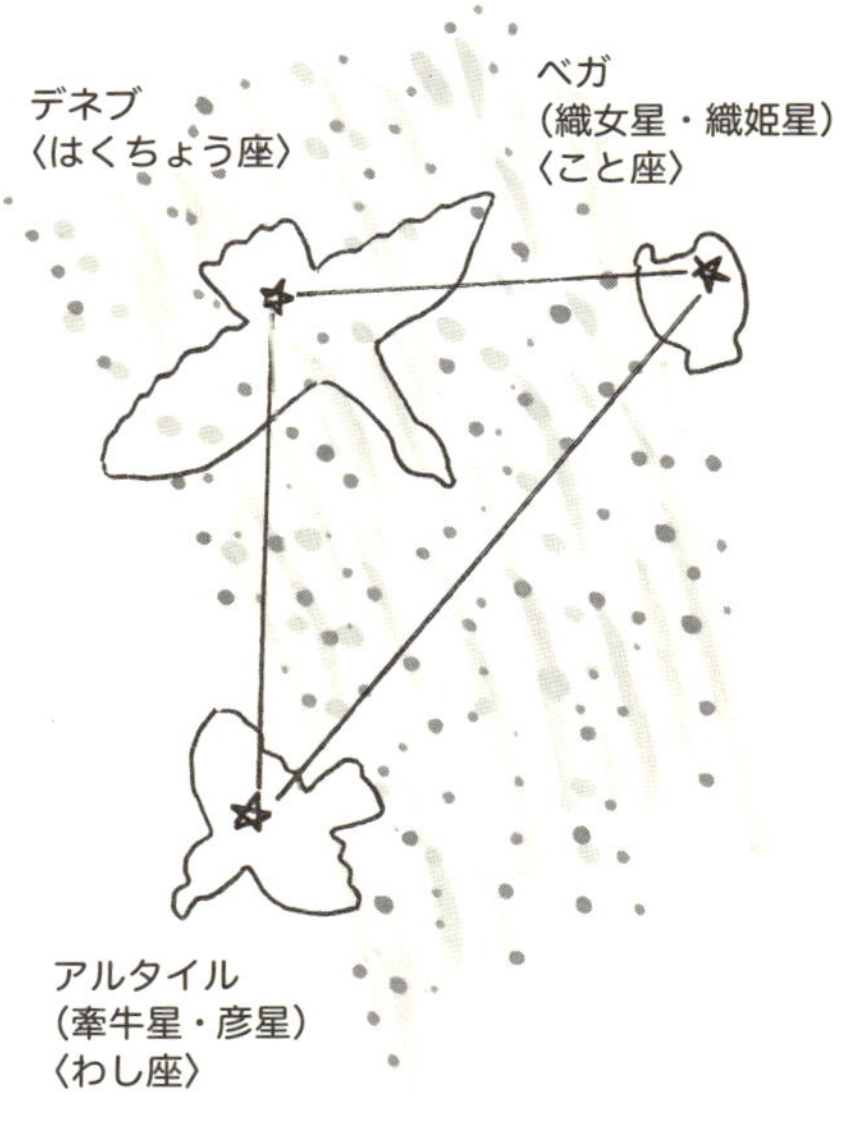

やまびこ

小暑《しょうしょ》
7月7日ごろ

梅雨が明けて、蓮の花が咲き、本格的な夏になるころ。暑中見舞いは小暑から立秋の前日までの間に。

大暑《たいしょ》
7月23日ごろ

夏の暑さが厳しくなりはじめるころ。熱中症に気をつけよう。

土用《どよう》の丑《うし》の日
7月20日ごろ～
立秋前日

立秋前の18（または19）日間を「夏の土用」とよび、その期間内の丑の日を「土用の丑の日」という。この日には、暑い夏を乗りきるために滋養のあるうなぎや、「う」のつくものを食べたり、衣類や書物を干す「土用干し」の風習があるんじゃよ。梅干しの最後の仕上げは、土用の入りを待って、三日三晩晴れが続くときに干そうね。

季節のもの 7月

ドクダミ
一説には毒でも入っていそうなことからその名がついたといわれる、ドクダミ。実際には十の毒を解毒する効果があるといわれ、十薬ともよばれているよ。

朝顔
朝しか会えない朝顔の花。日没から約10時間後に咲く体内時計を持っている。

ほおずき
江戸の中期から東京の浅草寺で開かれているほおずき市。市の日にお参りすると、46000日分お参りしたことになるという。ほおずきは、お盆にご先祖様が帰ってくるとき提灯になって道を照らすといわれているよ。

八月 葉月《はづき》

秋の木の葉が色づきはじめ、その葉が落ちて「葉落月《はおちづき》」となり、それが転じて「葉月」に。初めて雁が来るころで「初来月《はつきづき》」、稲の穂が張るころで「穂張月《ほはりづき》」が転じたともいわれている。新暦八月は、旧暦の七月ごろ。

立秋

8月7日ごろ

暦の上では秋の始まり。暑さの峠をこえて、この日を過ぎたら残暑見舞い。

8月8日

パパイヤの日、白玉の日、親孝行の日、そろばんの日、タコの日、はっはっはで笑いの日でもあるそうな。笑いは大事。一日一回、大笑い。

お盆

8月13日〜16日

お盆は仏教と日本古来の先祖供養が一つになった行事で、先祖の霊をお迎えして供養する日。命のつながり、今、自分たちがこうして生きていることへの感謝の気持ちを伝える機会じゃよ。先祖の霊は、花に宿って家にとどまるという。お盆に郷里に帰れない人は、ききょうやゆりなどを飾り、お水をお供えして、小さなお盆コーナーを作ってみたらどうじゃろう。8月ではなく7月に盂《う》蘭《ら》盆《ぼん》会《え》の行事をするところもあるんじゃよ。

精霊馬

きゅうりの馬は、少しでも早く帰ってきてもらいたいから足の速い馬を。ナスの牛は、お供えものをのせてゆっくり戻ってもらおうと足の遅い牛を用意するようになったんじゃ。どちらももっとたくさん話したかったと思う気持ちから。

終戦記念日

8月15日

多くの犠牲者を出した第二次世界大戦が終戦を迎えた日。平和の大切さを考える日。

ずかん

処《しょ》暑《しょ》

8月23日ごろ

暑さがやわらいで、夜になると虫の声に秋の気配。穀物が実るころ。

涼を楽しむ工夫

- 首すじにひんやりしたタオルをのせる。
- 風鈴の音で風を感じて涼しく。
- たらいに水を入れて足をつける。
- 残った水は打ち水に。

季節のもの 8月

スイカ
スイカを食べた後の皮は浅漬けに。外の固い皮をむいた白い部分を細切りにして、塩昆布と混ぜておく。おいしいよ。

稲妻と雷
入道雲が大きくなって、雷雲に。この雷が恵みの雨を降らせて稲を実らせると考えられ、「稲妻」と名前がついたという。雷は音を、稲妻は光をあらわす。

桃
冷たいものの飲みすぎでおなかが冷えているときの果物は、桃を。スイカはほてったからだを冷やしてくれる。だけど食べすぎておなかをこわさないようにね。

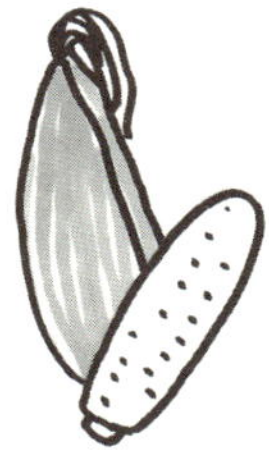

とうもろこし

ヒマワリ

九月 長月《ながつき》

秋の夜長にちなんで「夜長《よなが》月《つき》」、また、長雨のころなので「長雨月《ながめつき》」を略して、「長月」になったといわれている。稲穂が実る「穂長月《ほながづき》」という説も。新暦九月は、旧暦の八月ごろ。

八朔《はっさく》
旧暦８月１日
現在の９月上旬

旧暦の８月１日にあたる新暦の９月上旬は、稲穂が実るころなので、田の実の節供。「田の実」を「頼み」とかけて、農家ではお世話になった人に稲の穂を贈る風習があったんじゃ。豊作と台風の被害がないことを祈る行事などが行われるところもあるよ。

二百十日
９月１日ごろ

立春から数えて210日目。稲の花が開いて実を結ぶ大事な時期に、台風の被害をうけることがあるため、農家にとっては昔から厄日とされてきた。その厄を払い、風をしずめるために祭りが開かれてきたんじゃよ。長年この時期に台風になやまされてきた先人から、「気をつけて」という知恵送り。

風の名前いろいろ

春一番…………立春のあと最初に吹く強い南風
東風（こち）……東のほうから吹いてくる風。春を告げる風として歌にも詠まれている
薫風……………新緑が香る風
つむじ風………うず巻きの風
おろし…………山からおりてくる冷たく強い風
野分け（のわ）…野の草を吹き分けるほどの強い風。昔は台風も野分けとよばれていた
木枯らし………初冬に木の葉を落とす冷たい北風
空風……………冷たく乾いた風。関東の冬の季節風

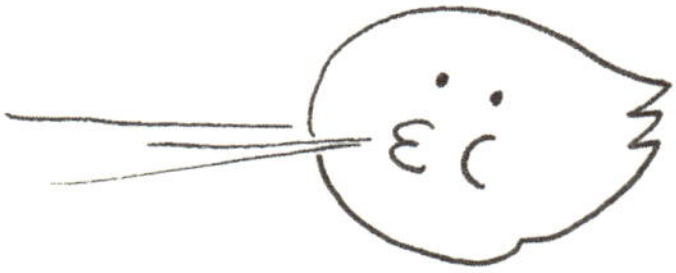

白露《はくろ》
９月８日ごろ

夜の間に大気が冷えて、草の葉に白い露がつく。残暑がひいて、ようやく秋を感じはじめる。

重陽《ちょうよう》の節供
９月９日

菊茶や菊酒を飲み、不老長寿を願う日。寿命をのばすと信じられていた菊を用いるため、別名「菊の節供」ともよばれている。９月９日は、縁起のいい陽数（奇数）のいちばん大きな数９が重なることから重陽となり、とてもおめでたい日とされてきたんじゃよ。

敬老の日
９月の第３月曜日

おじいちゃん、おばあちゃんからいろんな話をきいて、知恵をさずかろう。お年寄りを敬い、長寿を祝う国民の祝日。

菊

昔、中国で菊のつゆの流れを見つけた子がいた
飲んでみると甘くておいしい
おばあさんはいくつ?
その子は子どものまま700歳になったそうな
女の人に歳なんて聞くもんじゃないよ

十五夜

旧暦8月15日
現在の9月上旬〜10月上旬

旧暦8月15日の夜の月を中秋の名月とよぶ。旬の里芋にちなんで、芋名月ともよばれているよ。カレンダーがなかったころは、月の形を見て日にちを数え作物を育てていたから、お月さまはとても大切に考えられていた。そこで、実りの秋のまんまるお月さまに、初穂や旬の作物をお供えし、すすきを飾ってお月見したんじゃ。十五夜には自然の恵みに感謝して、美しいお月さまを見上げよう。

お供えもの

お供えするおだんごはその年の月の数で、平年は12個、うるう年は13個。また、十五夜だから15個、十三夜には13個などとも。

月見だんご
すすき

秋分

9月23日ごろ

立秋と立冬の真ん中の日。この日から昼が短く、夜が長くなっていく。先祖を敬い、亡くなった人々をしのぶ日として国民の祝日に。秋分の日を中心に前後3日ずつを合わせて7日間が秋のお彼岸。おはぎを作ってお供えするよ。

季節のもの 9月

秋の七草

おみなえし
すすき
ききょう
なでしこ
ふじばかま
葛
萩

十月 神無月《かんなづき》

全国の神々が出雲大社に集まり、諸国に神がいなくなることから「神無月」。出雲（現在の島根県）では反対に、「神有月《かみありづき》（神在月）」とよばれている。「無」は「の」という意味があり、「神の月」とする説も。新暦十月は、旧暦の九月ごろ。

寒露《かんろ》

10月8日ごろ

野草につく露が冷たく感じられるころ。本格的に秋が深まり、露が霜に変わっていく。

体育の日

10月の第2月曜日

日本で初めてのオリンピックが開幕した日にちなんで、スポーツに親しみ、健康な心身を作る記念日に。

十三夜

旧暦9月13日
現在の10月上旬～11月上旬

旧暦の9月13日に行うお月見。旬の大豆や栗をお供えするので、豆名月、栗名月ともよばれているよ。台風の季節と重なる十五夜に対して、「十三夜に曇りなし」といわれるように晴れることが多く、美しい月がながめられる。十五夜にお月見をしたら、ひと月後の十三夜の月も観るのがよいとされ、十五夜と十三夜を合わせて「二夜の月」。どちらかひとつしか見ないのは「片月見」といい、縁起がよくないとされている。

月の名前いろいろ

新月……………………… 地球と太陽の間に月が来て、まったく見えない月。旧暦ではこの月の日が1日（朔日）
二日月…………………… 2日目の見えにくいほど細い月
三日月…………………… 3日目の細い月。女の人の眉に似ていることから「眉月（まゆづき）」とも
弓張月…………………… 月の右半分が見える7～8日目ごろの月を上弦（じょうげん）の月、左半分が見える22～23日目ごろの月を下弦（かげん）の月とよぶ
十三夜…………………… 旧暦9月13日の月は、とくに美しいとされている
待宵……………………… 十五夜の月を待つ宵、14日目の月
十五夜…………………… 満月。望月ともいう
十六夜（いざよい）……… いざよう＝ためらう。十五夜よりためらいがちに出る月だから
立待月…………………… 17日目の月。十六夜よりさらに遅く出るのを立って待っていることから
居待月…………………… 座って待っていないといけないくらいゆっくり出る月
臥待月（ふしまちづき）… 寝床に入った後に出る月
更待月（ふけまちづき）… 夜半、ひと眠りした後にのぼる月

霜降《そうこう》

10月23日ごろ

秋の終わりが近づき、初霜が見られるころ。朝晩が冷えこみ、日も短くなっていく。

きのこ

衣がえ

季節の変わり目の衣がえは、来年また着られるようにお手入れしてしまおうね。

- しみがないかよく見てみよう。カビが生えたり、虫に食われたりしたら、もったいない。
- 襟や袖についた汗は、黄ばみやにおいの原因になるからしっかり洗う。
- 時間がたった醤油のしみは、歯磨き粉をつけてもみ洗い。
- コーヒーや紅茶のしみは、炭酸水を含ませた布でたたいてみよう。
- 血液のしみは、大根おろしをガーゼに包んだものでとんとん。
- ヒバの木片を入れておくと、虫よけに。香りもいいよ。
- タンスに炭を入れたり、新聞紙をしいたりして、湿気をためないようにね。

季節のもの 10月

柿

柿が色づくと医者が青くなるといわれている。ビタミンCが多く、風邪の予防にも。

干し柿

渋柿しかない東北地方では、昔から渋を抜くための知恵がいろいろ考えられてきたんじゃよ。たとえば柿のカーテン。皮をむいて、雨のかからない風通しのいいところに干しておくと、お日さまと風と寒さの力でやわらかくなり、渋みが甘みに変わっていく。むいた皮も干してから、漬物や煮物の風味づけに。

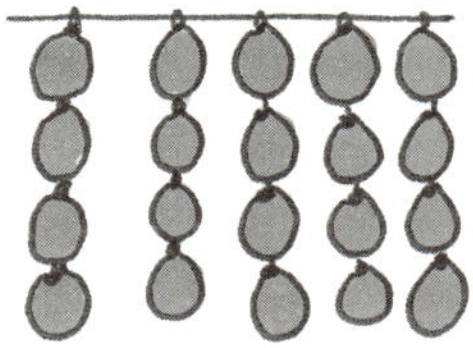

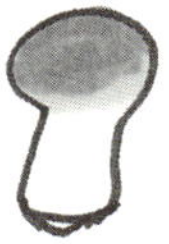

松茸

松茸は、香りが少ないものなら、薄切りにしてお酒をふり、5分ほど置いてからごはんといっしょに炊きこんで松茸ごはんに。香りが出ておいしくなるよ。

紅葉

春に桜前線が南から北へあがっていくのとは逆に、紅葉前線は北から南へさがっていく。これも空から見たら、きれいじゃろうね。

十一月　霜月《しもつき》

朝の露が霜に変わり、「霜降《しもふり》月《つき》」を略して、「霜月」。寒いところでは、雨が雪に変わる。新暦十一月は、旧暦の十月ごろ。

立冬

11月7日ごろ

暦の上では冬の始まり。日が暮れるのがだんだん早くなる。本格的な寒さがくる前に、冬じたく。

十《とお》日《かん》夜《や》　亥の子の祝い

旧暦10月10日
現在の11月10日ごろ

東日本では、旧暦の10月10日ごろに山へ帰る田の神様をお見送りする行事が行われる。カカシにも感謝をこめて、お供えものをしたり、いっしょにお月見をしたりするところもあるんじゃよ。西日本では、旧暦10月の亥の日の亥の刻（午後9～11時）にお餅を食べて、無病息災、子孫繁栄を願う亥の子の祝いが行われる。亥の子は田の神様とされ、収穫に感謝するお祝いの行事なんじゃ。

七五三

11月15日

3歳の男の子と女の子、5歳の男の子、7歳の女の子がここまで大きくなったことへの感謝と厄払いのため、参拝する日。11月は秋の実りを祝う月だったことから、子どもの成長も祝うようになった。子どもの年齢に合わせて髪型や服装を変えて、成長の節目とする儀式が行われてきたんじゃよ。

髪おき

昔は3歳までは髪をそり、3歳の11月の吉日から髪をそらずにのばしはじめていた。赤ちゃんから幼児に成長したお祝いの儀式。

袴着

5歳の男の子が、初めて袴をつける儀式。

帯解（おびとき）

7歳の女の子が、ひもつきの着物をやめて帯をしめる儀式。「紐解」ともいう。お祝いの儀式にこめられるのは、今も昔も、子どもたちに元気に育って幸せになってほしいと思う親心。

千歳飴

七五三の縁起物の飴。江戸時代、おめでたい紅白の飴を売り出したら人気になったのが始まりといわれている。これから千年も長く幸せに暮らしていけますようにと願いをこめて。

もみじ

小雪《しょうせつ》

11月22日ごろ

北国から雪の便りの届くころ。木枯らしが吹いて、紅葉が散りはじめる。

新嘗祭《にいなめさい》 勤労感謝の日

11月23日

米、麦、あわ、豆、きび（ひえ）の五穀の収穫に感謝し、実りを祝う日が「新嘗祭」。宮中では、天皇がその年の新米や新酒を神様にお供えして感謝する儀式が行われる。日本は「瑞穂の国」とよばれるように、古くから農業、なかでも米作りが中心にあった。だからとても大切な日とされ、この日、神様に新米をお供えし、それが終わってから初めて、人々も口にしていたんじゃよ。今は勤労感謝の日として、すべての生産を祝い、それにたずさわる人たちの働きをねぎらって感謝する祝日に。

季節のもの 11月

鮭
川の上流で生まれた子どもの鮭は海へ下り、大人になってから、秋にまた川へ戻ってくる。だから、秋味と呼ばれることもあるんじゃよ。

れんこん
れんこんのおろし汁にハチミツを混ぜて咳止めに。

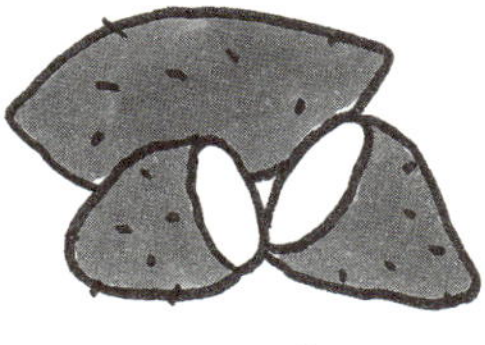

さつま芋

ごぼう

十二月 師走《しわす》

十二月、師である僧侶を迎えてお経を読んでもらう風習から、師が走り回る「師馳す」に。また、一年の終わりに年を納めるという意味で「四季果《は》つ」が転じたともいわれている。新暦十二月は、旧暦の十一月ごろ。

大雪《たいせつ》

12月7日ごろ

雪国では雪が本格的になるころ。朝晩に氷が張って、冬将軍がやってくる。

事納め

12月8日

2月8日を一年の農作業を始める日「事始め」というのに対して、12月8日を農作業を終える日「事納め」という。家の中も、一年間ご苦労さま、ありがとうという気持ちをこめて、そうじや片付けをし、新しい年を迎える準備を始めよう。

すす払い

12月13日

江戸城のすす払いがこの日に行われていたことから、一年間のすすや埃を払い、家の中をはいて清める日に。できるところから少しずつきれいにね。

板の間やフローリング…米のとぎ汁を使うと、ツヤが出る
玄関………………………茶殻をまいて新聞紙をちぎったものといっしょにはくと、埃がきれいにとれて香りもいい
窓ガラス…………………水につけてしぼった新聞紙でふいた後、乾いた新聞紙でからぶきするときれいになるよ

冬至《とうじ》

12月22日ごろ

一年で夜がいちばん長い日。次の日から少しずつ昼が長くなる。とはいえ、寒さはまだこれから。風邪をひかないように柚子湯に入ったり、冬至かぼちゃを食べたりする風習があるんじゃよ。

柚子

柚子湯

冬至＝湯治の語呂合わせからともいわれている。柚子湯に入るのは、柚子の香りで厄払いをしたり、実るまでに時間がかかる柚子にちなんで、苦労が実りますようにと願いをこめて。

かぼちゃ

冬至かぼちゃ

ビタミンたっぷりのかぼちゃは、本来夏にとれる野菜。風通しのいいところに保存しておいて、寒くなるこのころに食べるという、冬を乗りきるための知恵なんじゃ。

お正月飾り

縁起のいいお正月飾りは、新しい年に年神様を迎えるためのもの。それを31日の一日だけで準備する「一夜飾り」は、真心がたりないと考えられている。そして、29日は「二重苦」「9＝苦」に通じて縁起がよくないとされるから、お正月飾りは28日までに。または30日に飾ろうね。

餅つき

昔は、年末にお正月用のお餅をつく家が多かった。餅は「望」をあらわすとされ、家族の健康と幸せを願い、神棚や仏壇にもお供えするよ。

大みそか

12月31日

みそかとは、毎月の末日のこと。12月31日は、一年の最後の特別なみそかなので、大みそか。大みそかの夜は除夜の鐘の音を聞きながら、今年あったことをふりかえり、感謝をこめて一年をしめくくろう。

年越しそば

そばのように長く生きられるように、そして、よく切れるそばのように一年の苦労が切れることを願って、大みそかの日、年越しに食べるようになったといわれているよ。

除夜の鐘

除夜とは、大みそかの夜のこと。古い年を送り新しい年を迎えるために、煩悩の数とされる百八つの鐘をつき、その音で、怒り、ねたみ、疑いや欲などの煩悩をとり除いていく。百七つは旧年のうちに、残り一つは新年に。

••••••••••季節のもの 12月••••••••••

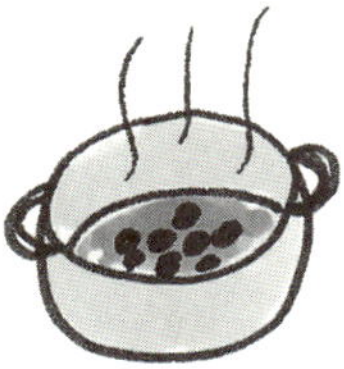

黒豆

おせちの黒豆を煮るのはストーブの上がいちばん。とろとろゆっくり煮ると、つややかで黒々したお豆ができるよ。しわしわにならずにね。

大根

白菜

もったいないばあさん日記

春

お好み焼き

春が来て、気持ちのいいお天気の日。おさんぽしていたら、いいにおいがしてきたよ。のれんをくぐってみると、

「まいど！　もったいない焼きの材料、なんか持ってきた？」と大阪弁のご主人。へ？「おかずの残りもんあるやろ。昨日の夜の肉じゃがとか、えびのてんぷらとか。そういうの具にして焼いたらおいしいんや」。ほー、残りものをねえ。

「うちの残りもんのでよかったら、食べてみる？」

そう言って、土手焼きとポテトサラダで、もったいない焼きスペシャルを作ってくれた。キャベツと卵と小麦粉とねぎとかつお節を混ぜて、土手焼きを真ん中に入れてポテトサラダものせて、じゅうじゅう。鉄板から煮汁とマヨネーズのとろけて焼けた、いいにおいがしてきたよ。

「はい、いっちょあがり！　愛情たっぷり、おふくろの味やで」

いただきます。ぱくっ。うん、こりゃうまい！　まったくお好み焼きはたいしたもん

じゃ。なにを入れてもええし、混ぜてもおいしいし。

「そう、わし、お好み焼きを愛しとるんや。残りもんなんてえらいケチくさいねー、ってゆう人もいてるけど、ちゃうで！　わし、ケチでやっとんとちゃうねん。母ちゃんが作ってくれた料理捨てるのもったいないし、おいしく食べて全部なくなったらうれしいやろ？」。そりゃそうじゃ。

もったいないはケチとは違う。もったいないには愛がある。

また行きたいと思う、ええ店じゃった。

菜の花

「今年は野菜の出来がよかったから、食べきれなくてほったらかしにしていたら、とうとう花が咲いちゃった」と言って、友人が菜の花をたくさん持ってきてくれた。

よくお店で売られているアブラナの菜の花だけではなくて、白菜や小松菜、ブロッコリーなどのめずらしい花がいろいろ。食べる用にまだ花が開ききっていないものと、部屋に飾る用にと花が満開のものを、籠いっぱいに持ってきてくれたんじゃ。黄色と緑が広がって、部屋の中がぱ～っと明るくなったよ。春がいっぺんにやってきたみたいに。

たまたま遊びに来ていた人が、「そんな野菜の花も食べられるんですか！」って驚いていたけど、畑に植えたままにしていたら、野菜にも花が咲くし、食べられるんじゃよ。こんなに春らしい贈りものはない。ほしいと思っても、お店ではなかなか手に入らない。ありがたくてもったいないものなんじゃ。

白菜も小松菜もブロッコリーもアブラナも、花の見た目はよく似ているけど、食べてみると、ほんのりそれぞれの野菜の味。さっとゆでて酢醤油で和えたり、おひたしにしたり、マヨネーズで食べたり、味くらべをしながらいただいた。遊びに来た人も、「いろんな菜の花に出会えて楽しかったです」と喜んでいたよ。

皆が楽しめるように、「いろいろな菜の花味くらべセット」なんてあったらいいのにね。

タケノコ

タケノコおじさんとタケノコ掘りに行ってきたよ。

おじさんは、広い竹林の中で、タケノコを見つけて掘り出す名人なんじゃ。どうやって見つけるのか、「ここだけのヒミツだよ」と言って教えてくれた。

「『こんにちは、おじさんだよ。出ておいでー』って言うと、タケノコが『はーい』って返事をしてくれるのさ」じゃって。ほんとかねえ。

「ほら、あそこ！」とおじさんが指さしたところに行ってみると、足の裏にこつんと当たるものがあって、見ると、ほんとにタケノコが芽を出していたよ。すごいねえ。

おじさんは掘るのも上手。タケノコを傷つけないように、まわりの土をやさしく掘り出してから、穂先の曲がり具合を見ながら、ぐさっとくわを入れてすくいあげる。すると、タケノコがぽんっととびだした。うまいなあ。

採れたてのタケノコは、甘い春のいい香り。「えぐくなったらもったいない。早く食べなきゃもったいない」と言いながら、竹林の中で、炭火で焼いたり、竹筒でタケノコごはんを作ったりして食べた。ああ、おいしい。

「残りのタケノコは、友だちに持って帰ろう」とおじさん。旬のものは、みんなでいただいたほうがもっとおいしいからね。近所に山菜おばちゃんやきのこじいさんがいて、いつも季節のものをあげたりもらったりしているそうじゃよ。楽しそう。

さすがはタケノコおじさんじゃ。

塩

塩の達人、塩名人に会いに行った。

塩にはたくさんの種類があって、味も見た目もさまざま。海水の塩。岩のような塩。粉雪のような塩。粗めの塩。真っ白な塩。黒い塩。苦い塩。甘い塩。酸味のある塩。まろやかでやさしい味の塩もあれば、ぴりぴりするきつい味の塩もある。名人は、このいろいろな塩を食材によって使い分けているそうじゃ。

「魚には、海の香りがする塩をよく使います。甘みのある塩は、きのこに。野菜には、まろやかで旨みの強い塩を。枝豆のふり塩には、少し苦みのある塩を使うとおいしいです。スープを作るときは、野菜の旨みを引き出すための塩と、スープの味を決める塩の二種類を使って深みを出します。このコクのある塩をごはんにふっておにぎりにしたら、最高ですよ」。おいしそうじゃ。

「塩は、自然本来の旨みを引き立てて、いちばんおいしい食べ方にしてくれる。塩の使い方次第で料理の腕がぐんと上がります。知らないなんて、もったいないない」と名人。そんなふうに塩を使いこなせたら、楽しいじゃろうねと言うと、「味覚は人によって違うから、まずはいろいろ試してみて、自分がおいしいと思う塩を見つけてみてください。これだと思う塩と食材の組みあわせに出会えたときはうれしくて、はまりますよ。そしたら、あなたも塩名人」

海は命の源。塩はそのエッセンス。ありがたくいただこう。

顔

同窓会で懐かしい顔にたくさん会ったよ。若いころの面影を残している人もいれば、だれだかわからないほどの別人顔に変わった人もいて、昔の二枚目はすっかりいいおじいちゃんになっていた。

この年になると、その人が人生をどんなふうに歩んできたか、顔に相となってあらわれる。評判のすごい美人だったのに、こわい顔のおばあさんになっちゃった人もいたね。いじわるで疑い深い性格では、長年のうちに、眉間にシワが刻まれて、人を斜めに見る顔になるし、人をねたんだりひがんだりしてばかりいると、口がへの字に曲がってしまうんじゃよ。もったいない。

反対に、決して美人ではなかったけど、昔からいつもやさしい笑顔を絶やさず、人への思いやりを忘れない人の顔は、年をとるごとに、どんどんいいお多福顔になってくる。

年寄りは年々頑固になるから、いいも悪いもその人の特徴がますますはっきりとあらわれてくるんじゃや。もったいない生き方は顔に出るから気をつけないとね。

私はといえば、「いやー、あんたはもったいないねえさんだったころからちっとも変わっとらんね。寸分たがわず昔のままじゃ」と皆に言われて、うれしいようなよくわからないような複雑な気持ちだったけど、ほめ言葉だと思うことにした。

もったいないこと見つけてしかめ面することがあったとしても、寝るときだけは笑顔で眠りたい。悲しい顔や怒った顔で眠りにつくと、そのまま固まってしまう気がするんじゃよ。

毎日笑顔でいられるように、もったいない顔にならないように、一日一日を大切に、精一杯明るく楽しく元気に生きていきたいね。

ひな祭り

もうすぐ楽しいひな祭り。今年は近所の人たちに来てもらって、いっしょにおひな様を飾ったよ。しまいっぱなしでどうやって飾ったらいいかわからないから教えてほしいと言われてね。

せっかくのおひな様、飾らずに箱に入れっぱなしでは、ひな祭りにこめられた願いや風習、日本の文化を伝えられず、もったいない。

うちでは、左（向かって右側）にお内裏様、右におひな様という並べ方をするんじゃよ。そうすると、お内裏様のほうに左近の桜、おひな様のほうに右近の橘が飾られる。これは、京都御所に植えられている桜と橘の並び方にならっているといわれるけれど、うちのばあちゃんからは、「橘は実がなる木だから、母なる女性のほうに」と教わった。

ひな祭りの日には、ちらし寿司を作って、蛤のお吸い物やひな菓子といっしょにいただいたり、蛤の貝殻で貝合わせを作って遊んだり。蛤は一対の貝殻同士でなければぴったりと合う貝がないことから、幸せな夫婦になれる相手にめぐりあえますようにとの願いがこめられているんじゃよ。

……という話をしながら飾るうちに、「そういえば子どものころ、五人囃子がこわくてお手洗いに行けなかった」と昔のことを思い出す人が出てきた。「私もひな人形でおままごとをして遊びました」「うちの母もこんなふうに飾ってくれていたなと恋しくなりました」と懐かしむ人たちも。

女の子の成長を願って祭られるおひな様。思い出は、飾ってこそ作られるもの。毎年飾って、思い出がたくさんできたらいいね。

引っ越し

春は、進級や進学、引っ越しで荷物を整理する人が多く、ゴミが増える季節。

山積みのゴミ置き場を見るたびに、心を痛めているんじゃよ。そこへ、近所に越してきた人がやってきた。

お引っ越し落ち着きましたかと聞くと、「いえ、まだものが多くて整理して捨てるのが大変で……。引っ越し前にもいっぱい捨てたんですけどね。まだ使えるしもったいなかったけど、ほしい人をさがしているヒマがなくて。棚でも押し入れでも、奥につめたら最後、もうずっと使わず結局ゴミになっちゃうんですね。こんどの家ではものを減らして、必要なものが必要なときにさっと使えるようにしたいです。そのためにはもっと捨てなくちゃって言うと、子どもたちからもったいないばあさんが来るよ！　って言われました。あはは」と笑っていた。

もったいないばあさんは私じゃよ、と言いそびれてしまったよ。

どうやってゴミを減らし、もったいないことをなくしていくか、いい知恵があればといつも考えている。

引っ越し屋さんといっしょにもったいない屋さんが来てくれて、もったいないものがあれば引きとって、必要な人のところに届けてくれるような仕組みがあったらと思うんじゃ。

うまくいけば、今年のもったいないばあさん大賞かもしれないよ。

桜

今年もお花見の季節がやってきた。この近所には桜好きの人が多くて、年に一度皆でお花見会をするんじゃよ。

眺めるだけではもったいない。香りと味も桜づくしで楽しもうと、手作りの桜餅や桜ごはん、桜あんぱんを持ちよって盛り上がる。そのために、前の年から桜の花と葉っぱを塩漬けして、準備する人たちもいるくらい。満開の花は、桜の晴れ舞台だからお祝いしなくちゃねって、気合が入っとるんじゃ。

そういえば、桜の木を守る仕事をしている人から、こんな話を聞いたことがあるよ。

桜の木は新緑の季節も紅葉もきれいだし、葉が落ちた冬の枝振りにも味わいがある。だから、花のときしか見ないのはもったいない。

そしてこうも言われていた。

桜は年をとって花が咲かなくなった木こそ、いいものだ。しわくちゃの幹には風格がただよい、わずかに残った枝に時折、本当にきれいな花をぱっと、咲かせる姿が魅力的なのだと。

そんなこと言ってもらえたら、おばあちゃんの桜も、がんばってよかったって思うじゃろうね。

春

「なんだかだるくて眠くて、ぼーっとしてるんです。春だからでしょうか」と言う人がいたよ。

朝起きられないどころか、仕事中も眠気におそわれて困っているらしい。冬のあいだ縮こまっていたからだが目をさますには、今が旬の、春のものをいただくのがいちばんじゃ。山菜は自然の妙薬。あのえぐみや苦みが効くんじゃよ。いただかないのはもったいない。

ワラビやゼンマイはアク抜きをする。よもぎやスギナ、ヨメナ、山椒の葉っぱ、タンポポなどの若い葉も食べられる。タンポポの葉っぱは、サラダやおひたしに。根っこはきんぴらやコーヒーに。そして花も、てんぷらやゼリーを作ったり。スミレを散らして、お花のごはんを作ることもあるんじゃよ。

こんなにたくさんの野山のものが食べられるのは、新芽と若葉のこの限られた時期ならではのこと。山菜や草花の採り方、食べ方を知っていれば、春の食卓は、味わってよし、からだにもよし、見ても楽しいものになる。

「山笑う」と言われるこの季節。冬枯れしていた落葉樹がいっせいに芽吹き、山が眠りから目覚めたように、色とりどりの淡い緑や黄緑に彩られる。そのにぎやかで明るい様子が、笑っているように見えるという。

ぼーっとしてたらもったいない。春を喜び、いっしょに笑おう。

弟子

「ぼくを弟子にしてください！」と青年がやってきた。

「もったいないのことを教えてください。お願いします！」

目がきらきら光っている。

「どうして教わりたいんじゃね？」と聞くと、「ぼくも、西に東にもったいないことがあれば飛んでいき、世間の人々にもったいないということを伝え、世の中のために働きたいんです！」と熱く語る。

「りっぱないい志じゃ。世のため人のために働きたいなんて、あなたにはもったいないの心がもう充分備わっているから、教えることはないと思うよ」と答えると、えっ、教えてくれないの？　という顔で肩を落としてしまった。もうあるって言ってるんだから、そんなにがっかりすることはないじゃろう。もったいないの心とは、命を思いやるやさしい気持ちのこと。人の指導を受けて教えてもらうものではなく、家庭の中で育まれ、生活しながら自然に身につくものなんじゃ。その心を育ててくれたご家族に感謝しないとね。

そういえば、先日、小さな女の子から手紙をもらったよ。

「もったいないばあさんのほんをよんで、ごはんをのこしたり、おみずをだしっぱなしにしたり、もったいないことをしないようにしようとおもいました。はじめたばかりだから、わたしは、もったいないいちねんせいです。これから、なんでもたいせつにつかいたいとおもいます」

これじゃよ。この気持ちさえあれば、だれでもどこでもすぐにでも、もったいないことをしないように始められるんじゃ。青年に手紙を見せたら、「もったいない一年生か……いいですね」と笑顔が戻った。さっそく今日から始めてみよう。春は一年生の季節じゃよ。

雑草

おさんぽの途中、ふう～っとため息が聞こえてきた。見ると、庭先で軍手に草の束を持ち、腰をさすっている人がいる。「草抜きですか」と声をかけると、「ほっとくとすぐ、ぼーぼーになっちゃって。この季節はいつも、雑草との戦い。抜いても抜いてもどんどん生えてきて、腰にくるんですよ。もういやになっちゃう」

こんもりと積みあげられた草をさして、「この雑草の山をゴミに出すのも大変でね。雑草なんか、生えてこなきゃいいのに」とつらそうじゃった。

私にはお宝の山に見えるんじゃけどねえ。

スギナは焼酎に漬けておいてから薄めると、お肌の手入れに使えるし、さっとゆでて刻んでごはんに混ぜたり、天日干しにしてお茶を淹れたりする。よもぎは、生葉をもんで、切り傷ややけどや虫さされの手当てに使える我が家の万能薬。水虫にも効くんじゃよ。よもぎだんごを作ったり、味噌汁の具にして食べたり、お風呂に入れたり、お灸にも使う。使い道がありすぎて、いくらあってもたりないくらい。

ひとまとめに雑草と思えば、じゃまで厄介なゴミにしか見えないかもしれないけど、それぞれの名前を知り、使い方を知れば、宝にもなる。あれを作ろう、これに使おうと思って待っていると、草が生えてくるのが楽しみになるよ。それが、迷惑でじゃまなだけとはもったいない。

雑草という名前の草はない。もともとゴミとして作られたものもないはずじゃ。ものをゴミにするのは、人の心。いらないと思ったとたんに、それはゴミになる。

あるものをどう生かすのか、知恵があるほどお宝で、知恵がなければ、ただのゴミ。

木の建物

昔々日本の人々は皆、木と土とわらと紙でできた家に住んでいた。戦争や災害でたくさんの家が燃えたりこわれたりして、丈夫な鉄とコンクリートの建物が造られるようになったんじゃ。

そして今、技術の進歩によって、こわれにくく燃えにくい木材が開発され、その木を使った大きな建築物が増えているそうな。

木を使った建物が増えれば、木の需要も増える。外国の森の木ではなくて日本の木が使われれば、山の手入れも行われるようになるじゃろう。暮らしの中で木を使い、そしてまた、木を植えて育てていくことで山を守り、暮らしを守ることにつながっていた昔の暮らし。木が使われなくなってうまく回らなくなったサイクルが、また動き始めれば、もったいないことも減っていくんじゃないかと、夢がふくらんだ。

木に囲まれた空間はほっとして居心地がいいし、やわらかなぬくもりを感じてやさしい気持ちになれる。木は古来の日本の文化、日本の持ち味、日本の財産のひとつじゃよ。

木造のビルや大きな建物がもっと増えて街ができれば、世界に類を見ない、木でできた街として、世界遺産にだってなれるかもしれない。

駅をおりたら木の香りがする街を想像してみると、わくわくするじゃろう？

日本のよさを大事にしながら、世界に誇れる魅力的な街ができたらうれしいね。

日記

日記を書いていたら、「もったいないばあさんは、書くことがいっぱいあっていいです ね」と言う人がいた。引退して時間ができたから日記でも書こうと思い立ったが、書くことがない。特別なこともないし、毎日が同じことのくりかえし。この先もつまらない人生が続くのか……と落ちこんでいるそうな。なんだかもったいない話じゃよ。

まずは書くことに慣れるために、昔のことを一つ思い出して書いてみたらいい。たとえば、今まででいちばんうれしかったこと、好きだったこと。

書き始めたら、それに関わることがすらすらと出てくるようになる。忙しくつっぱしってきた人には、過去を振り返るいい機会にもなるよ。あのとき自分はこう思っていたのかと、意外な思いに気づくこともあるし、やりたかったことや、やり残していることを思い出すこともある。またやってみようと思ったり、後悔することがあれば、反省して同じ過ちをくりかえさないようにすることで、一つ前に進むことができるんじゃ。そうやって書くうちに、今の暮らしの中でも、書きたいことが見つかるようになるじゃろう。

日記を書くのはいいよ。その日のうちに振り返れば、一日一歩ずつ進んでいけるからね。
毎日を楽しく過ごすには、小さなことに喜びを見つけられるようになること。そして、
あたりまえのことがありがたいものだと、気づくことなんじゃよ。

お弁当

お弁当を食べていたら、「写真を撮らせてもらえませんか」と言う人が来たよ。

その人は弁当写真家で、いろいろなところを旅して回り、出会った人たちのお弁当を撮っているそうじゃ。「お弁当でその土地の食文化がわかるし、作った人の気持ちが感じられて楽しいんです」とのこと。

「旬のものをバランスよく、おいしく、手作りのものを……と愛情こめて作られたお弁当を見ると、幸せを分けてもらったみたいでうれしくなるし、自分で作っている人も、お弁当という小さな幸せを楽しむ気持ちが感じられて、ほっとするんです」

たしかに、お弁当は、作るのも作ってもらうのも、うれしいね。

今日のおかずは、卵焼きと煮物とお漬物。煮物は、お汁《つゆ》が出ないようにかつお節をまぶしたよ、と言って見せると、「おばあさんのお弁当は中身もおいしそうだけど、お弁当箱もとってもいいですね」とほめてくれた。

そうじゃろ、この曲げわっぱは、長年愛用しているお気に入りなんじゃ。使えば使うほどに味が出る、自慢の弁当箱。これに入れると、ごはんがおいしくなるんじゃよ。おかずだって、たいしたものじゃなくてもごちそうに見えるしね。

「ぼくが写真で伝えたいのは、そんなふうに、お弁当がもたらしてくれる楽しさや心の豊かさなんです」と弁当写真家さん。

それは伝えないと、もったいないかもしれないね。はい、チーズ。

冷蔵庫

冷蔵庫そうじを手伝った。整理が苦手な人たちにとって、捨てられないものでいっぱいになった冷蔵庫は、手に負えない重荷と感じてしまうものらしい。

「どうしたらいいでしょう」と頼まれて、ときどき手伝うことがあるんじゃよ。入れるところがないからと、もっと大きな冷蔵庫に買い換える人もいるが、それでは入れっぱなしでむだになるものが増えるだけ。何も解決しないでもったいない。

明かりが見えないくらいものがつまった冷蔵庫の奥からは、真っ黒になったみかんや、がちがちに固まった魚のミイラを見つけることがある。中には、一度も開封されずにくさってしまったものも。もしかしたら、そこに入っていることさえ忘れられていたのかもしれない。

冷蔵庫がなかったころは、生ものが傷みにくいように、酢でしめたり、塩や味噌に漬けこんだり、魚は内臓をとりのぞいておくなどの知恵と工夫があったんじゃ。便利な生活になるほどに知恵が失われ、ものを大切にする気持ちまで忘れてしまうのだとしたら、残念なことじゃよ。もったいない。

食料品を買うときには、使いきれるように、よく考えて買いたいね。それでも余ってしまうなら、保存できるように工夫をすればいい。たとえば、野菜を干したりして。干した野菜からはいい出汁が出て、煮物や汁ものにも使えるんじゃよ。

冷蔵庫は、ものがくさらない魔法の箱ではないからね。

竹

みんなで竹林のおじいさんのところに遊びに行ったよ。おじいさんは、竹を使ったいろいろなものの作り方を教えてくれる。竹のコオロギに竹とんぼ、水鉄砲、竹馬、竹の食器、そして、竹で編む籠の作り方まで。

昔はこうやって、暮らしの中で使ういろいろなものを裏山の竹で作っていたんじゃよ。プラスチックの製品が増えるにつれて、手入れされずに荒れ放題の竹林や里山が増えてしまった。役に立つ竹がじゃまもの扱いされているのは、もったいない話じゃよ。

「子どものころは、竹は燃料として風呂たきにも使っていた。中が空洞の竹をそのまま燃やすと爆《は》ぜて危ないから、割ったものを乾燥させてね。風呂はスイッチ一つで沸くんじゃなくて、水をくんできてはり、竹に火をつけて、湯加減を見ながら燃やして沸かす……そんな子ども時代を送ってきたから、竹を使わずほったらかしは、もったいないと思ってしまう。たくさんある竹をうまく使わないなんてね。竹でものを作れる人がいなくなるのも心配。一度失われてしまったものはなかなかとり戻せないから、できることをと、作り方を教えているんだよ」とおじいさん。

「今は昔、竹取の翁といふ者ありけり。野山にまじりて竹を取りつつ、よろづの事につかひけり」

『竹取物語』にもこう書いてあるように、竹は昔からいろいろなことに使われて、日本人の暮らしになくてはならないものじゃった。昔の時代に戻らなくとも、竹を生かすいい知恵があればいいね。

おもちゃ

おもちゃの電車がこわれてかんしゃくを起こしている子どもに、お母さんが「また買ってあげるから泣き止んで」と話していたよ。もったいない。こわれたらすぐに新しいものを買うのがあたりまえと、子どもが思ってもいいのかい？　ものを大切にする気持ちは、親がちゃんと教えないと、わからないものじゃ。まずは修理ができるかどうか、おもちゃの病院でみてもらおうと、いっしょに行くことになった。

おもちゃの病院の先生は、「大丈夫。直りますよ」と言って、バネとネジをとりかえて、サビを落としてくれた。そしたら電車が動き出し、「わあ、直った！」と子どもが笑顔になった。お母さんもほっとした様子。「修理すれば、また動くようになるんだよ。長持ちするように、お大事に」とおもちゃの先生。修理代は、とりかえた部品代のみ。喜んでくれる笑顔とお礼の言葉でいいんじゃと。「修理に出すのがめんどうで、新しいものを買えばいいと思ってました。だけど、またこの電車が動いて息子もうれしそう」と、お母さんもうれしそうに笑っていた。子どもは、「ありがとう」と言って、おもちゃの電車を抱きしめて帰っていった。子どももお母さんも、もったいないの心を学んでくれて、うれしいよ。

「もしもおもちゃがこわれたら、また来てください。きみの大切なものをぼくがきっと元気にしてあげるから！」と言う先生、かっこいい。

真心

大きな災害が起きて、人の暮らしや町や夢、何もかもが一瞬にしてこわれてしまうすさまじさには、ただ、ただ立ちすくむだけ……なすすべもない。

大事な人を亡くしたり、住む場所を失ったりした人たちにかける言葉も、簡単には見つからない。でもそばにいて、何かできることがあればと思っている。

避難している人たちのために、元気を出してと握る、おにぎり。寒いからあったまってもらえたらと作る、炊き出しのお味噌汁。おじいさんやおばあさんが水を運ぶのを手伝う人。どうしてこんな目に……と下向く人の背にやさしく手を当てる人……。人のまわりに思いやりのある人たちが集まると、あったかい。やさしい気持ちや真心は、ふれると胸に響いて、温かくなるものだから。

人のことを、どれだけ自分のことのように考えられるか、思いやりを持って接していけるかで、その人の真の心が見えてくる。被害を受けた人の身になって考えてみれば、今できることがあるかもしれない。

こわい思いをしてきた人が、「命があるだけでよかった。ありがたいと思った」と語っていた。その人がずっと後になっても、やっぱりあのとき助かってよかった……と思えるように、真心で支えあっていけたらいいね。

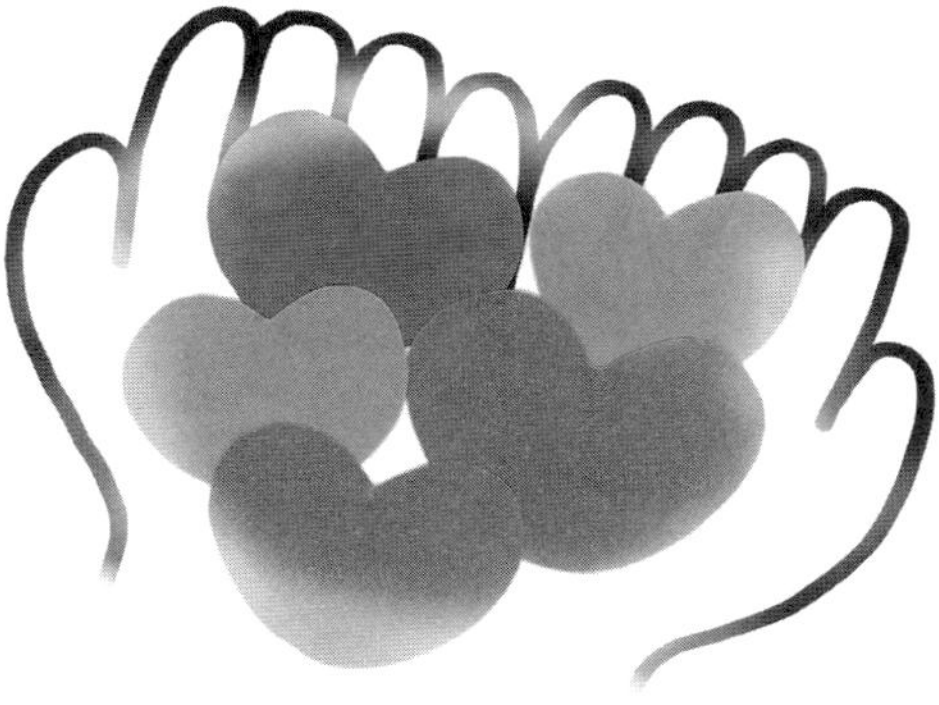

もったいないばあさん日記

夏

手ぬぐい

商店街の人に金魚の柄の手ぬぐいをもらった。涼しげな水色地に赤い金魚が泳いでいてかわいらしい。うれしくて、さっそく首に結んで出かけたら、八百屋の大将に声をかけられた。「今日はずいぶんかわいいのしてるねえ」

そういう大将は、同じ金魚手ぬぐいで、頭にねじり鉢巻き。

その向かいのたこ焼き屋の兄ちゃんは、金魚手ぬぐいを頭に巻き、首にも巻いて、汗をふきふき仕事をしている。汗っかきの働き者にはまったく重宝じゃと思っていると、酒屋さんから、手ぬぐいできれいに包まれたお酒の瓶を手にした人が出てきたよ。レジ袋の代わりに金魚手ぬぐいとは、もらったお客さんもうれしいじゃろうね。

向こうからは、金魚手ぬぐい甚平を着た子どもがよちよち歩いてきた。お母さんのほうは浴衣姿で、半襟にした金魚が胸元からちょっとのぞいている。親子おそろいで手をつなぐ姿がほほえましい。小さな子の甚平は、かがり縫いをせず、切りっぱなしのままでもいいから、手ぬぐい三枚ほどで簡単に作れるんじゃ。手ぬぐいは、さっとゆすいでパンパンして干しておけばすぐに乾くし、湿度の高い日本の気候風土にぴったり。それに、洗うほどに風合いが出て、手になじみ使いやすくなるんじゃよ。

昔は、ちょっとしたあいさつやお返しに、よく手ぬぐいをもらっていたのに、最近は少なくなってしまった。今どきの人は使わないのかねえ、もったいない……と寂しく思っていたが、この商店街の夏祭りで配られている金魚手ぬぐいは、若い人にも評判がいいらしい。

風呂敷ブームの次は、手ぬぐいじゃ。

和菓子

和菓子屋さんのお茶会で、きれいな和菓子をいただいたよ。まるで摘んだばかりの花のような、食べるのがもったいないような、紫陽花の上生菓子。

「今日の日の花の色を楽しんでいただけたらと、心をこめて作りました。紫陽花は、雨の中に咲くのが最も美しいとされています。青や薄紫の花の玉に、雨のしずくがきらきらと光り輝く様子から、『花しずく』という名をつけました」とご主人。

和菓子は、名前の響きも美しい。

中には香りのよい白小豆の粒あんが入っていて、味もとても美味じゃった。庭の紫陽花だけでなく、お皿の上の紫陽花も、目で楽しみ口で楽しみ、名前を聞いて耳で楽しみ、ほのかな香りをも楽しむ宴。いただいたのはたった一つの小さな和菓子なのに、すごいごちそうをいただいた気持ちになったよ。ごちそうさまでした。

豆や米の粉、葛、寒天で作られる和菓子は、職人さんが作り上げる芸術品。春の桜、夏の川や山、紅葉や雪景色など、季節の情景を美しく彩り豊かに表現することができるんじゃ。そんなお菓子が他にあるじゃろうか。
和菓子は、世界に誇る日本のすばらしい食文化じゃよ。

緑のカーテン

「緑のカーテンを作ろうと思ったんだけど、ゴーヤの苗が手に入らないから、もう無理かしら」と言う人がいたよ。丈夫で育てやすいゴーヤが人気で、どこに行っても売りきれなんじゃって。「せっかくやる気になったのに」と残念がっていた。

「ゴーヤじゃなくても、ヘチマやきゅうり、トマトでだって作れるよ」と言うと、「私ほんとはきゅうりが好きなんだけど、病気や害虫で手間がかかるって聞いたから……」と後ろ向きな様子。

やってもみないで、あきらめるなんてもったいない。ときどき酢水をふりかけておけば、虫がつきにくいし病気にもなりにくいんじゃよ。

葉っぱのカーテンは、照りつける夏の日射しをさえぎって、涼しい風を寄せてくれるすぐれもの。見た目にもきれいだし、おかずになるし、ヘチマならヘチマ水ができて、一石三鳥、いや四鳥のアイデアじゃ。

他にもいろいろ試してみたらいいよ。一種類の野菜が大量にあるよりは、いろんな実が収穫できたほうが楽しいし。そうそう、朝顔も花がいっぱい咲いてきれいじゃよ……と話してみると、その人もまたやる気になってくれたらしい。「いろいろ植えてみます」と言って帰っていった。

私も緑の野菜カーテンを作ってみよう。もしもみんなが作るようになったら、おかずのサラダはちょっとそこのカーテンからなんて、そのうちあたりまえになるかもね。

カエル

ケロケロケロケロ、ケロケロケロ――。カエルの歌が聞こえてきたよ。今日も明日も雨かいいなと思っていたら、「カエルはいいな。楽しそう」とつぶやく子がいた。「カエルは雨が好きだからね」と言うと、「うちに大きなカエルがいるんだよ。見に来る?」と言って、家に連れていってくれたんじゃ。庭に置かれたカエルの置物の横に、「おせっカエル」と書いてある。

「お節介や親切は、同じように返ってくるという母の教えを忘れないように、ここに置いているんです」とその子のお母さんが教えてくれた。カエルは、福返る、無事帰る、など縁起がいいって言うもんね。

「母はお節介やきで、困っている人がいるとほうっておけない性分でした。寂しい思いをしている人がいればうちに連れてきて、みんなでごはんを食べました。自分も子どものころ、近所の人にやさしくしてもらったからって。お節介やいて損してばかりってまわりの人に言われても、自分もだれかに助けてもらうことがある。自分の子がだれかの親切を受けて救われることもある。思いやりや親切は、結局は回り回って自分に返ってくるものだって言っていました」とのこと。

人のためを思うやさしい気持ちは、もったいないことないからね。

お節介に助けられ、こんどは自分がお節介をやいて人を助けるおせっカエル。

雨のおかげで、いい話が聞けたよ。

梅

毎年、梅でいろんなものを作るけど、今日はこんな失敗をしたんじゃよ。

梅のエキスは、作るのに手間がかかるもの。百個ほどの青梅を一つずつすりおろして、布でこして、しぼって、その汁を煮詰めていく。すごく大変なんじゃけど、すっているときも、汁をじゅわーっとしぼり出すときにも、梅のさわやかな香りが広がって、清々と気持ちがいいから、楽しみでもあるんじゃよ。すりおろした実のしぼり汁は、土鍋に入れて、アクをとりながら、とろとろとろとろ、ゆっくりゆっくり弱火で煮る。あとはときどき混ぜるだけ……と、ついそこで、読みかけの本を開いてしまった。しばらくして、何やらこげくさいにおいに気づいて鍋を見ると、真っ黒こげ。残ったエキスはちっちゃいおさじ一杯分。山もりにあった梅が、あんなに手間ひまかけたのに、こんなになったかと思うと、もう情けなくて……。

ちょっとの油断から、もったいないことしちゃったよ。煮上がるときはあっという間。気をつけよう。

この話を人にしたら、こう言われた。

「もったいないばあさんでも、そんな失敗するんですね」

まあ私も、人間だからね。

しぼった後の梅の実にも、クエン酸がいっぱい。水まわりをみがいたり、トイレのそうじに使うといい。

花火

夏の夜空に開く大輪の花。

花火大会は、みんなが楽しみにしている夏の行事のひとつ。

日本の花火は色とりどり鮮やかで、どこから見てもまんまるの美しい形をしているよ。

たくさんの星が流れて花びらとなり、空一面に咲く大きな花。目前にせまってくるほどの勢いで、ドン、ドンという音が、空と大地に響き渡る。からだ中で感じることで、心にも響いて、見た人はいい気持ちになってくる。

空を見上げて感動し、心がふるえる体験は、前に向かって進んでいこうと思う力になるから、未来への希望につながっていくんじゃよ。

いつも同じものが見られるとは限らない。だから、そのときの一つ一つを楽しまないと、もったいない。

花火は、天の神さまに届くように願いをこめて、空高く打ち上げられ、火の粉で病気や厄を払うとも言われている。

つらいことがあってもくじけず、明るい未来へと願う心、家族を思う気持ち、みんなの思いが天まで届きますように。

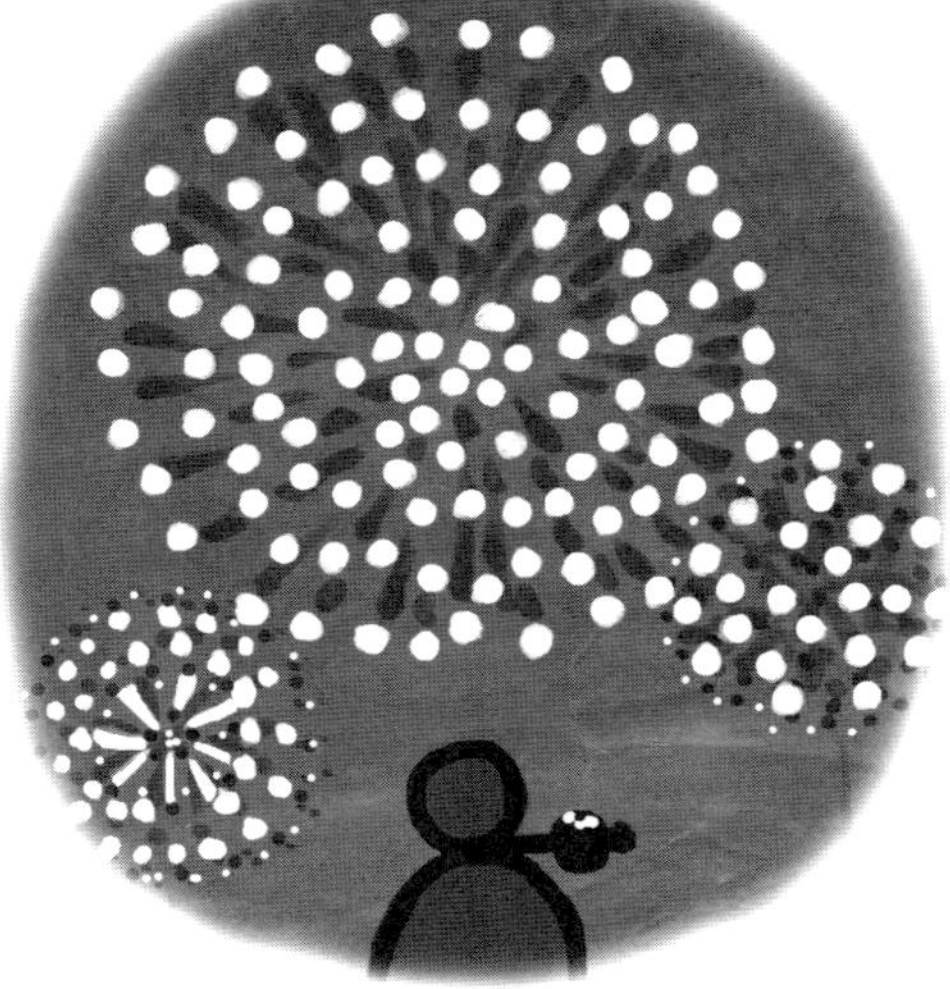

おばあちゃん

「うちのおばあちゃん、すごいよお」。子どもの声が聞こえて、思わず首をつっこんだ。女の子が口を開けて指さしたのを、皆でのぞきこんでいる。

「ほら、ここ、こうないえんのあと。おばあちゃんがなおしてくれたの」

女の子が言うには、お盆のあいだに、田舎のおばあちゃんちへ行ったとき、行く前からできていた口内炎がすごく痛くていやだった。顔ははれているし、ごはんも食べられないし。

それを見たおばあちゃんが、庭からアロエをもいできて、皮をむいて口内炎にぬってくれた。「ちちんぷいぷい、いたいのいたいのとんでいけ」と言いながら、何回かぬってもらううちに、気がついたら治っていたんじゃと。

「おばあちゃんがアロエはなんにでもきくよっていってたから、おにいちゃんがやけどしたとき、こんどは、わたしがかわむいてぬってあげようとしたの。そしたら、おばあちゃんが、アロエもいいけど、それにはじゃがいものほうがいいよって、じゃがいものすりおろしをおにいちゃんのうでにはりつけたの。やけどのいたいのには、いちばんきくんだって。そのあと、あとがのこらないようにって、かぼちゃのすりおろしをはりつけてた。おばあちゃん、どうしてそんなことしってるの？　ってきいたら、おばあちゃんのおばあちゃんにおしえてもらったんだって」

知恵は、ふれあいの中でつながっていくもの。つながらないのはもったいない。おばあちゃんとのふれあい、大切にね。

海のゴミ

海辺のゴミ拾いに参加した。

砂浜の上には、あき缶やペットボトル、お菓子の袋やレジャーシートなど、さまざまなものが落ちていた。海に遊びに来た人たちに置き去りにされたものもあれば、遠くから流れてきて、浜辺に打ち上げられたものもある。

波にもまれているうちに流木や海草や泥が入りこんだり、ゴミ同士がからまりあったりしたものは、分別するのが難しいし、釘や釣り針などの危ないものもたくさんある。粉々になったプラスチックは拾いにくいうえに、自然に返らないから厄介じゃ。ちゃんと分けて捨てさえすれば再利用できるものが、ただゴミとして迷惑がられてしまうなんて、もったいない。

波打ち際には、たばこのフィルターがたくさん集まっていた。海で一服した人のだけでなく、街でポイ捨てされたたばこも、排水溝から川を通って運ばれてくるそうじゃ。捨てた人は、それがどうなるかなんて考えもしないのだろうけど、その行き先は、海。海がゴミのふきだまりになるなんて、あまりにももったいない。自分のゴミはちゃんと自分で片付けよう。海でも街でも、どこでもね。

おそうじボランティアの人に、「皆さん大変ですね」と言うと、「いやあ、この後のビールは最高ですよ。それに、そうじしながらこういうの集めてるんで」と、ちょっと恥ずかしそうに、小さな貝殻を見せてくれた。きれいでかわいかったよ。

生ゴミ

「夏は部屋がくさくてたまらない」と言う人がいて、「みんな生ゴミどうしてる？」という話になった。

たしかにこう暑くては、二日も置くと、ゴミ箱からくさったようなにおいがしてくるね。ふた付きのゴミ箱でもどこからかもれて、じわじわと部屋中に広がるし、冷房をつけて閉めきっていると、さらにこもって濃くなって、いよいよくさくなってしまう。

他の人たちにどうしてるか聞いてみると、「生ゴミはできるだけ水気を切って、新聞紙にくるむ」とか、「におい消しに、コーヒーやお茶の出がらしを上にのせる」とか、いろいろ工夫をしているそうじゃ。困ったときこそ知恵の出しどころ。いい知恵を出しあって、くさいにおいを乗りきろう。

もったいないばあさんは？　と聞かれたが、うちではそもそもゴミが出ない。野菜や果物は、皮も実も種もまるごと食べたり使ったりするし、食べられる量を考えて作るから残さないし、余ってくさらせることもない。もったいないからね。

「ゴミが出ないようにすればええんじゃよ」と言うと、皆困ったような顔をしていたけれど、そんなに難しいことではないんじゃよ。

かき氷

かき氷の食べ歩きが趣味という人の話を聞いていたら、すっかり食べたくなってしまったよ。氷の削り方、蜜の作り方にもこだわりがあって、いろいろなかき氷があるんじゃね。粉雪のように細かく薄く削られた氷はふわふわで、口の中でとろけるそうな。黒蜜ときなこをたっぷりかけて食べるのがおすすめなんじゃって。おいしそう。氷の中に和菓子やおだんごが入っていて、何が出てくるかわからない玉手箱のようなかき氷もあるそうじゃよ。楽しそう。

その人が今、夢にまで見るほど食べてみたいのは「桃氷」だという。季節の新鮮な果物をまるごと使った蜜のかき氷が評判のお店で、中でも桃の氷が絶品なんだとか。前に一度、電車に二時間も乗って、わざわざそれを食べに行ったことがあるらしい。お店についてみると昼どきで行列していたので、先に近くの美術館に行ってから、神社にお参りすることにした。きれいなものにも出会えたし、参道を歩いてのどもかわいたし、そろそろと思って向かうと、行列がなくなっている。よかったよかったと店に入って、お目当ての桃氷を注文すると、「すみません、今日はもうなくなりました」と……。せっかく行ったのに食べられずもったいなかったから、こんどこそは絶対に、と思っているそうじゃ。

他にも、にんじん氷なんてのがあるらしい。にんじんぎらいの子でも、暑い日のかき氷ならぱくぱく食べられそうじゃね。私も行ってみたいよ。

とうもろこし

八百屋さんの前に人だかり。店のお兄さんが、「はいはい、寄ってらっしゃい、見てらっしゃい。とうもろこしのおいしい食べ方教えるよー」と大きな声でお客さんを呼び寄せていた。「今朝採れたて、旬のとうもろこし。いちばんの食べ方伝授するから聞いてって」と言うので、聞くことにした。

「まず、とうもろこしは皮付きね。皮ごと蒸すのがおいしいの。香りそのまま、栄養のがさず食べられるから。ほら、食べてみて」と言って、蒸したてとうもろこしの皮をむいて切って、配ってくれた。ほわ〜っといい香り。粒もふっくらおいしいね。

「それから、ヒゲも捨てないで。とうもろこしのヒゲのお茶、わざわざ買う人だっているんだから」。とうもろこしのヒゲは、夏のむくみをとってくれる。干してお茶にしたり、素揚げにしてサラダにのせたり、そのままお味噌汁に入れてもええんじゃよ。

「あと、芯も捨てないで。捨てちゃってる人いる?」とお兄さんが聞くと、たくさんの人が手を挙げた。「もったいない。とうもろこしの芯は旨みがつまっているところ。実をとって残った芯を煮れば、絶品スープになるんだよ。煮汁ごとミキサーでかき混ぜてこして牛乳と混ぜて、はい、飲んでみて」と配ってくれた。おいしい。

もったいないは生かすこと。皮もヒゲも芯も、全部使いきることを教えてくれたお兄さん、すばらしかったよ。

「今日のごはんは、とうもろこし」とみんな思ったのは言うまでもない。

藍の葉染め

きれいな空色のスカーフをしている人がいたよ。その人は染色の先生で、「これは藍の生葉を使って自分で染めました。青い葉の季節にだけできる染め方なんですよ」と教えてくれた。こんなきれいな色は見たことがないです、と話すうち、私も染めさせてもらうことになったんじゃ。

先生の畑で摘んだ藍の葉を、ちぎってすってもみ出すと、緑色の汁ができる。そこへ布をひたして染める。それを水洗いして、干して、乾くのを待つ。葉の汁は緑だったのに、風にさらして乾かすうちに、布は明るい青に変わってきたんじゃよ。不思議じゃね。

色は染めるたびに濃くなっていくから、好みの色になるまで同じことをくりかえす。作業を手早くするほどに、鮮やかに仕上がるのだそうな。

葉っぱの種類や染める布、ひたす時間、天気や温度などによって少しずつ色が変わり、偶然の出会いが楽しいのだと、先生が言う。「生の葉で染めるのは、草木の命をいただいて、その輝きをうつしだす作業。生き生きとした色に出会えたときはいとおしく、大事にしないともったいないない、という気持ちになります」と。
私も、この藍の葉の空色に出会えて、とてもうれしい。
偶然の出会いに感謝じゃよ。

線香花火

線香花火をするので遊びに来ませんかとお誘いを受けた。今お店でよく売られている線香花火は外国製のものがほとんどで、昔とくらべると、花が小さく時間も短くなったという。日本の線香花火を絶やすまいと、昔ながらの製法で作っている花火師さんがいて、その花火を楽しむ会。

「線香花火は、日本人ならだれしも心にうかぶ、懐かしい故郷、子ども時代の夏の風物詩。その花火がなくなるのは寂しいし、もったいないと思うんです。子どもたちにも自分が見ていたのと同じ花火を見てほしい」という思いから、作り続けているそうじゃ。「ほんのわずかな量の違いで燃え方が大きく変わるので、火薬を盛って作る作業は、とても繊細なんです」とのこと。

いい線香花火は、タイミングよく花開き、途中で火の玉が落ちたりせず、最後まで美しい火花を放つ。そのために、質のいい材料を使って絶妙のバランスで組みあわせ、一本一本手で巻いて、丁寧に作られているそうじゃよ。

こよりに火をつけると、小さな炎がつぼみになり、次々と花が開いていった。やがて大きな松葉に変わり、だんだん小さくなって、力を振りしぼるように光の矢が落ちていく。最後の火の玉がぽとっと落ちて光が消えたら、皆の口からため息がもれたよ。夏が終わったみたいに。

伝統の技で作られた日本の線香花火。

来年もまた、その先もずっと、見られますように。

傘

「子どもの傘は消耗品。使い捨てよ」というお母さんたちの会話を耳にした。傘が手放せない季節。子どもたちは、毎日のように傘を持って登校する。ふざけて荒い使い方をしたり、ひっかけたりするうちに、骨が折れたりビニールが破れたりしてしまう。「どうせすぐにこわれるから」と、百円ショップで何本もまとめ買いして使い捨てているんじゃと。もったいない！

雨が降るたびに傘のゴミが増えるなんて……。

私は、昔から蛇の目傘を愛用していて、破れたところは油紙を張りかえて修理しながら使っているよ。パッチワークがおしゃれになってきたし、大事に使うための工夫もあって気に入ってるんじゃ。蛇の目には留め具が二つあって、上で留めると全開になり、風の強い日には、下で留めて半開きで傘をさせるようになっている。風で骨が折れてしまわないようにね。

万が一こわれても、竹と藤と木と紙でできているから、分別する手間はいらない。埋めたら土に返る、自然素材の傘。
コンビニで売り出したらいいと思うんじゃけど、どうじゃろね？

レジ袋

海亀とクジラがしゃべっていたのを聞いたよ。「おなかがイタイ。悪いもん食べちゃったかな」「ぼくもへん。うんちしたいのに出ない」「おなかに何かがぺったりはりついてるみたい」「ぼくたち病気かも」

川の魚もしゃべっていたよ。「最近よくういている白いものは何?」「つっつついても動かないよ」「すごいじゃま」

森の虫たちもしゃべっていたよ。「あのつるつるした袋の中はすべって歩けないよ」「あぶないね」

公園では子どもたちが話していた。

「わあ、ゴミだらけ」「きたないからあっち行こ!」。そこには、レジ袋がいくつもころがっていた。お弁当のあき箱とペットボトルが入っている。一人の子が、かんでいたガムをその上に捨てようとしたので、「そこはゴミ箱じゃないよ」と声をかけたら、びっくりして逃げていった。

ゴミはゴミをよぶ。だれかが捨てていたら、自分もいいやって思うかもしれないが、置きっぱなしにする人たちは、そのゴミやレジ袋がどうなるか、考えたことあるんじゃろうか。

沖に流されたレジ袋は、海の住人たちがエサとまちがえて食べてしまう。川に落ちたレジ袋は、流れをさえぎってよどみを作る。森に残されたレジ袋は、いつまでたっても土に返らない。レジ袋のゴミがあふれる公園では、子どもたちは遊べない。自分勝手なふるまいで、皆の憩いの場所をゴミ箱にして、美しい自然が見られなくなってしまうなんて、もったいない。

愛着のあるお気に入りの袋を使っていれば、置いていったりしないじゃろうにね。

蓮の花

早起きして、お寺の池に蓮の花を見に行った。朝もやの中、淡い桃色がかった白いつぼみが花開く様子は、神秘的で幻想的で、まるで極楽浄土のお花畑のようじゃった。そこで、和尚さんからありがたいお話を聞いたよ。

泥水の中で育ち、泥が濃ければ濃いほどに、大きな花を咲かせる蓮の花。泥の中でも泥に染まらず、清らかで美しい花が咲く。花の中には、咲くと同時に実ができているという不思議な花。普通の花は、虫や鳥、風の力を借りて、めしべにおしべの花粉がついて実がなるけれど、蓮の花は自らの力で実も作る。そして「蓮にあだ花なし」と言われるように、咲き損なったり、きれいに開かなかったり、あだになる花がないという。泥水から立ち上がってきた蓮の花はすべて、必ずきれいに咲くんじゃと。

お釈迦様の教えは、この蓮の花を用いて説かれることがあるそうな。蓮が花開き、実を結ぶために必要な泥を人生の苦難に例えて、つらいことや悲しいこと、大変な苦労があってこそ、人は大輪の花を咲かせることができる。世の中の泥に染まることなく、自分の力で精一杯今を生きる努力を重ねていれば、いつかはきっと、美しい花が咲き、実を結ぶこともできるのだよと。

どんな悩みや苦しみも、決してむだになることはない。花が咲く前にあきらめたり投げ出したりしたら、もったいないない。

蓮の花のお茶もおいしかったよ。

浴衣

「小さくなった浴衣をもらってくれる人はいないでしょうか」と、知り合いの娘さんが訪ねてきた。

「これ、おばあちゃんが作ってくれたんです」と言って、その浴衣の思い出を聞かせてくれたんじゃ。「毎年夏休みには、おばあちゃんの家で浴衣を着せてもらってお祭りに行きました。背がのびて短くなった丈をのばすために、おばあちゃんがちくちく縫ってくれて。そのそばで、スイカを食べながらできあがりを待っていました。そのうちに、もう丈を直せないほど背がのびて、おばあちゃんが亡くなって、浴衣を着ることもなくなって……」。そんな思い出の浴衣を人にあげてもいいのかい？　と聞くと、「もうだれも着ないのかと思うと、もったいない気がしたんです。だれかに着てもらえたらうれしいです」とのこと。

昔は、浴衣は家で作り、丈を直しながら長く着るものじゃった。何度も洗って着古したものは寝間着になり、もっとくたっとなったら赤ちゃんのおむつにして、それよりもぼろぼろになったら雑巾になり、最後には風呂の燃料などにして燃やしていた。浴衣は、最後まで使いきって、もったいないことがなかったんじゃよ。今は家で作ることも、そこまで着倒す機会もなくなってしまったけれども。

「私もまた浴衣着たいけど、母も私も着付けができないんです。おばあちゃんに習っておけばよかった。そういうのって受け継いでいかないと、とだえてしまうものなんですね」

と娘さん。

私でよかったら教えましょう。

セミ

ミーンミーン。ジジジジジジジジー。セミ大合唱の昼下がり。公園でセミを捕まえている子がいたよ。お母さんが、「セミは一週間しか生きられないっていうから、捕まえたらかわいそうよ。逃がしてあげなさい」と言っている。

そこへおじさんがやってきて、「セミの命はもっと長いんだよ。土の中で数年、地表に出て羽化してから一ヵ月くらい生きるとも言われてるんだ」と話していた。「おじさん、セミの先生なの？」「いやまあ、好きで調べているんだよ。この公園にはどんなセミがいるかなと思ってね。いっしょにさがしてみるかい？」と言って、セミの観察が始まった。おもしろそうだから、私も見に行ったよ。

「セミの抜け殻を見つけてごらん。木の枝や葉っぱの裏側によくついているよ。今聞こえる鳴き声は、ミンミンゼミ、アブラゼミとツクツクボウシ。夕方になると、ヒグラシの鳴き声も聞こえてくるよ」。おじさんは、セミの見分け方や鳴き方、鳴く時間の違いなども教えてくれた。それにしても、幼虫のセミは、なぜ土の中で何年も暮らしているんじゃろう。

「セミは、わからないことが多いから、おもしろいんだ。こうやって調べるうちに、新しいことを発見できるかもしれないよ」とおじさん。

「ぼくも、もっとセミのこと知りたい！」と言う子に、「自由研究にしてみたら？　興味を持ったときに調べないと、もったいないものね」とお母さん。いいこと言うね。セミの夏は、まだまだ続きそうじゃ。

こわい話

夏休みに入ると、子どもたちが「こわい話してー」と言って、やってくる。今も昔も、子どもはこわい話が大好きじゃ。蒸し暑い夜も、ぞーっと寒気が走れば涼しくなるし、きゃあきゃあ言いながら、皆でこわがるのが楽しいんじゃろうね。

昔は、家の中にも外にも、おばけや妖怪の棲家があった。何者かの気配を感じる静かな闇が多かったから、こわい話を聞いた後、本当にいるような気がして、小さい子はトイレに行くこともできず、おもらしをしてしかられた。

今の子もこわがりはするが、この世のものではないものが本当にすぐそこにいるかもしれないと思うような暗闇が、少なくなってしまったね。そこら中にぎやかな光と音があふれていて、こわい思いをしたことさえ忘れてしまう。

なんだかもったいないよ。暗闇をこわいと思う気持ちは、そこに何がどんなふうにと思う想像力をかきたてる。すべてが見えすぎ、聞こえすぎている忙しい空間には、想像の余地がない。

怪談話の後、クーラーをとめ、TVを消して、静かな夜に身を置けば、風一つ吹いても
ビクッとする……夏の夜をこんなふうに、ぞくぞく涼しく過ごすのも、たまにはいいもん
じゃよ。
人の世に棲めなくなったおばけや妖怪たちは、どこでどうしているのかねえ。

ごめんなさい

電車の中、「やめなさい」という声がして、見ると、携帯電話で話をする若者に、おじいさんが注意をしていた。「車内で電話するな」「うるせーんだよ」と言いあっている。「うるさいのはおまえだ」「おめーのせいで切れただろ」「切るのがあたりまえだ。電話したかったらおりろ」「おめーがおりろ」「おまえだ」。……にらみあいの後、若者はぷいっと顔をそむけ、おじいさんもそれ以上言わず、まわりの人たちもほっとした。

どうなることかと思ったが、今どきめずらしい、気骨のあるおじいさんじゃ。今は、悪いことを目撃しても、注意すると逆うらみされて暴力をふるわれることもあるから、警察に連絡してくださいと言われる時代。見て見ぬふりをする人も多い。昔は、自分の子だろうがよそんちの子だろうが、おかしなことをしていたら、大人がしかるのはあたりまえじゃった。けれど今は、親にしかられたり、目上の人から注意を受けたことがない若い人も多いらしい。この若者にはショックだったかもしれないね。えらそうに言われたと思ったのかもしれない。

私の隣に座っていた人が、つぶやいた。「すいませんって言えばいいのに。悪いことしてたんだからさ。なんであやまれないんだろうね」って。ほんとじゃね。

「ごめんなさい」が言える謙虚な心は、「もったいない」の心とつながっているよ。

もったいないばあさん日記

秋

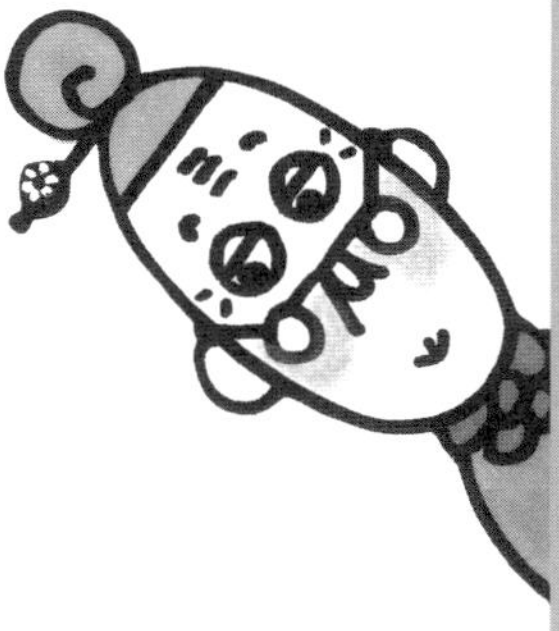

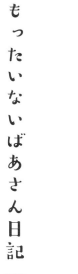

お月見

「今年のお月見は、雨で何も見えませんでした」とがっかりしている人がいた。それは残念だったけど、お月さまが美しいのは、中秋の名月や満月の日ばかりではない。秋は乾いた空気が入りこみ、空が澄んで月がきれいに見えるから、まだまだ機会はあるんじゃよ。

お月さまを見ていると、おだやかでやさしい気持ちになってくるから、不思議じゃね。昔から人々は、空を見上げて月を愛で、収穫の感謝と祈りを捧げてお供えをし、その風情を楽しんできた。お月見を楽しむ人の心は、お月さまが美しいのと同様に、今も昔も変わらない。

「うさぎはどうしておもちをついているの？」と子どもたちに聞かれて、こんな説話を思い出した。

「昔、あるところにうさぎとサルとキツネがいました。ある日、おなかをすかせて倒れているおじいさんに出会った三匹は、食べものを集めに行きました。サルは木の実を、キツネは魚をとってきましたが、何も持ってくることができなかったうさぎは、『私には食べものをとる力がありません。ですから、どうぞ私を食べてください』と言って、火の中にとびこみ、自分の身を捧げました。実は、おじいさんは、三匹の行いを試そうとした神様で、うさぎを哀れみ、月の中に甦らせました」

うさぎはおいしいお餅をついて、おなかをすかせた人たちにあげようと思っているのかもしれないね。

月のきれいな秋の夜。空を見上げないのは、もったいない。

ゴミと知恵

近ごろ、ゴミとして捨てるだけではもったいないという気持ちから、知恵を出しあい、工夫をする人たちの話をよく聞くようになった。

カキの貝殻の山を見て何かに使えないだろうかと思った人が、汚れた川や海に沈めて水をきれいにする方法を考えたり、使った後のてんぷら油を集めてせっけんを作ったりしている人たちもいる。

使い捨ての割り箸を集めて紙を作る話も聞いたよ。箸は、お気に入りのものを持ち歩いてくりかえし使ってもらいたいものだけど、ただゴミになるのはしのびないから、それを何かに活用できないかと思う気持ちは、もったいないの心につながるね。

紙は、繊維がたくさん含まれているもの、たとえばバナナやとうもろこしの皮、大根の葉っぱ、わらやわらを食べる動物のうんちからも作ることができるそうじゃ。ゴミを燃料にして走る車もあるんじゃと。

捨てられていたものが、今までになかった発想で、役に立つものとして生かされるのは、本当にうれしい。

もったいないことが減っていくように、自分にできることをやろうとする人たちは、希望の光じゃよ。明るい未来を作るためのね。

染めもの

紅花染めの腹巻きをいただいた。紅花には、からだを温めてくれる成分があるそうじゃ。色もきれいでかわいいし、うれしくて毎晩つけて寝ていたら、たしかに、ほかほかしてぐっすり休める気がしてきたよ。おなかがあったかいとほっとするから、怒りっぽい人や、いらいらしがちな人にもええんじゃないかね。

自然の材料で染められたものには、他にも、いろいろな効果があると言われている。たとえば、ウコンで染めた布に包むと着物に虫がつきにくいとか、藍には虫よけ、蛇よけ効果もあって、野良仕事には藍染めのもんぺがいいとか。柿の渋で染めると、汚れやにおいがつきにくくなるから、柿渋染めのコートは、あまり洗わなくてもいいそうじゃよ。

自然の恵みがもたらしてくれるものは、奥が深い。その恵みも知恵も、暮らしの中で役立てないのはもったいない。

紅花や藍を町中で見つけるのは難しいかもしれないけど、身近なものを使って、自分で染めるのにも、ぜひ挑戦してみたいものじゃ。

風邪の用心に、緑茶やしょうが汁で手ぬぐいを染めて、口に当ててマスクにしたり、のどに巻いたり、いろいろ試してみるのはどうじゃろね。

おはぎ

「おはぎの作り方教えてもらえませんか？」と若い奥さんに頼まれた。

お彼岸に自分で作ってお供えするのかと思い、「えらいねえ」と言うと、子どもが学校の宿題で調べてて、昔のことを思い出したんです……と話してくれた。

その人の田舎では、子どものころ、お彼岸に親戚がおはぎを持って集まっていたそうじゃ。おはぎは、作る人によってさまざまで、それはまるで、おはぎの博覧会。大きくぼてっとしたの、ちっちゃくてころっとしたの、すごく甘いの甘くないの、お豆の煮方も握り方もいろいろ。あんこだけじゃなくて、きなこあり、黒ごまあり、青のりあり、それぞれの家に代々伝わる作り方があった。

食卓いっぱいに並んだおはぎを囲んで、みんなで話をしながら食べるのも、いろいろなおはぎを食べ合うのも楽しかった。でも自分は早くに結婚して、作り方を教わらないうちに、お母さんが他界してしまい、親戚で集まる機会もなくなった。

子どもはおはぎを食べたことがない。なんだか申し訳ない気持ち。スーパーで買うのじゃなくて、作ってあげたい。できれば母が作ってくれたようなのを教わりたい、とのことじゃった。

そりゃひと肌ぬがせてもらわないともったいない。お母さんのおはぎがどんなだったか聞きながら、いっしょに作ってみよう。

おはぎの作り方も、ご先祖様を思う気持ちや習慣も、子どもたちに伝えていけたらいいね。

虫の声

虫の声が涼しく聞こえるようになったよ。昼間が暑い日でも、日が落ちて、リンリンという鈴の音のような合唱が聞こえてくると、秋を感じてほっとする。

知り合いの奥さんが、「いまないてるのはなにムシ?」と子どもに聞かれて困ったという話をしていた。「スズムシじゃない?」と言うと、「ちがうよ。だって、リーンリーンじゃなくて、キリキリキリっていってるから、コオロギだよ」と言われたんじゃって。そして、「スズムシはとおくできこえるよ」と言うので、静かにして聞いてみると、たしかにいろんな虫の声が聞こえてくる。それまでどんな虫がどんな音を出しているか気にも留めず、鳴くのは全部スズムシだろうだなんて、なんだかもったいなかったなあと思ったそうじゃ。せっかく子どもが教えてくれたから、それからは気をつけて聞くようにしているんじゃと。「チンチロチンチロ」って聞こえてくると、ああマツムシもいるねと思ったりして、楽しくなりましたって。よかったね。

一説によると、メスの気をひくために鳴くときと、オス同士けんかをしているときとでは、虫たちの鳴き方も変わるらしい。やさしい声だったり、怒っているようだったり。人間と同じじゃね。

一晩中鳴き続ける虫たちにはどんなドラマがあるのか、耳をすまして虫の世界に思いを寄せるのもおもしろく、なんだか寝るのがもったいないような、秋の夜。

栗

「実家の山に栗の木があるんですよ。りっぱな栗がたくさんなるから、採りに行きませんか」と誘われて、近所の子どもたちと行くことにした。みんな栗拾いは初めて。わくわくしながら向かったよ。

その木の下には、丸々とした大きなイガ栗が、ごろごろころがっていた。イガを両足ではさんで踏むと、中の栗がぽろんと出てくる。わあと歓声があがり、子どもたちもさっそくまねして拾い始めた。下に落ちている栗は虫食いのものが多く、見つけるたびに「あーあ」となってしまう。そこで長い枝を見つけてきて、上になっているイガ栗をたたいて落とす子も出てきて、しばらくするうちに、いい栗を拾う技と知恵を身につけていった。

「あ、これもったいない」と見せに来てくれたのは、ぺっちゃんこの薄い栗。イガの中にはつややかで丸々とした栗もあれば、べちゃっとつぶれたようなのが入っていることもある。「これは栗のなりそこないみたい。もったいない」と言うので、「いやいや、これはこれでいいことに使えるんじゃよ」と言って、持って帰った。拾った栗をゆでているあいだに、さっきの平たい栗に小枝をくっつけて、スプーンを作ったよ。かわいい栗のスプーン。みんなで工作してから、ゆであがった栗をおやつに食べた。今夜のごはんも、栗ごはんかな。

キンモクセイ

友人からの手紙を開けると、キンモクセイの花が入っていた。「昨日の雨で、真っ盛りに香っていたキンモクセイが散ってしまって、あたり一面オレンジ色になりました。落ちた花もいいにおいがして、もったいないので送ります」と書いてある。長い道のりを運ばれてきた花は、まだふわっと香りがした。ありがとね。

秋分の日が過ぎると、このあたりのキンモクセイもいっせいに花開いて、独特の甘い香りが風に乗って流れてくる。キンモクセイは、その香りで「ああ、秋が来た」と思う花。花の命は短くてあっという間に終わってしまうけど、せっかく手紙をもらったことだし、今年は短い秋の香りをどうやって楽しもうかと考えた。

キンモクセイの原産地、中国では、モクセイは月の世界から地上に伝えられた木で、その花は天上の花と言われ、大切にされているそうな。月にはたくさんのモクセイの大木が茂っていて、中秋に月がひときわ美しく輝くのは、金のモクセイ、キンモクセイが咲くからだとか。そんな話を聞いて、キンモクセイの花のお茶とお菓子で、お月さまを楽しむ夕べを開こうと思いついたよ。月をながめながら、キンモクセイの色と香りを楽しむ秋の宴。もしかしたら、お月さまの上でも、甘い香りがただよっているかもしれないね。

銀杏

イチョウの木のまわりで、例のにおいがただよう季節。

木から落ちて、踏まれてつぶれた銀杏の実はくさいけど、その実を毎年楽しみに待っている人もいるんじゃよ。

銀杏は、外側のくさいにおいの実をとって、中の種を洗い、干して煎って殻をむいて……、食べるまでにいろいろ手間がかかるものだけど、子どものころは、その作業をするのが楽しかった。うちでは、拾ってきた実を土の中に埋めておくんじゃよ。そうすると、くさみがとれて、外の実がとれやすくなるし、とれた実はそのまま置いておけば、土の栄養になっていく。洗って干した中のかたい種を煎ると、殻がはじけてパーンパーンと音が鳴るのも、子ども心におもしろかった。

このあいだ、銀杏の実がいっぱいなっている木を見つけたよ。そこは学生寮の入り口で、学生さん以外にはあまり人が通らない道。落ちている実もあるのに、若い人たちは、銀杏を見ても拾おうとは思わないらしい。もったいない。

新鮮で煎りたての銀杏を、自分でむいて食べるのはおいしいのに。
私が拾っちゃってもいいのかねえ。

柿酢

渋柿がたわわになっているお宅。そこの奥さんに、「毎年干し柿を作ってくれたおばあちゃんが亡くなって、ほったらかしなんです。柿の皮をむくのが大変で……。何かいい方法はないでしょうか」と聞かれたよ。見ると、柿はすでに木の上で赤くなり、渋も抜けるほど熟れている様子。わざわざ皮をむいて干さなくても、そのまま食べても甘そうじゃよと言うと、「そうなんですけど、いっぺんには食べきれないし、これ以上置いといて落ちてしまうのももったいなくて……」

それじゃお酢を作ってみたら？　作り方は簡単。熟れた柿のヘタをとって、容器に入れて置いておくだけ。皮についている酵母菌が働いて、柿を発酵させてお酢に変えてくれるんじゃ。だから皮はむかないで、まるごと使う。熟した渋柿は甘柿よりも甘いから、おいしいお酢ができるよ。薄めて飲んだり、お料理に使ったり。からだにもええんじゃよと言うと、「やってみようかしら」と、奥さんの顔も輝いた。

消毒した容器にヘタをとった柿を入れてしばらく置くと、発酵が進んでぷくぷくしてくる。酵母菌がうまく働いていると、いい香りがするんじゃよ。ときどきかき混ぜて、カビが生えないように、くさらないように気をつけて、あとは待つだけ。

これも昔ながらの食の知恵。使わないのはもったいない。

「できあがりが楽しみです」と。

よかったよかった。

ぬか

新米は白いごはんもおいしいけど、精米時にとれるぬかも新鮮なうちに食べたいものじゃ、と言うと、「え、ぬかって食べられるんですか？」と驚く人がいた。米の栄養のほとんどは、ぬかに入っているんじゃよ。

江戸時代、人々が玄米をついて白いごはんを食べるようになってから、怒りっぽくなったり、食欲がなくなったり、顔がむくんだり、足やひざが痛くなる江戸煩い……今でいう脚気が流行した。その原因は、ぬかの栄養不足だと言われている。

精米したてのぬかはふわふわして香りよく、ほのかな甘みがあって、そのまま食べてもおいしいよ。ごまや山椒と混ぜてふりかけにしたり、お味噌汁に入れたりね。煎ると香ばしい香りが、そして、てんぷらの衣に入れると、さくさくとした食感が楽しめる。白いごはんといっしょに食べると、玄米と同じ栄養をとることもできるんじゃ。ぬかの栄養とらないなんて、もったいないない。

他にもぬかは、野菜を漬けこんで、ぬか漬けやたくわんを作ったり、床を磨いたり、お皿を洗ったり、からだを洗うのにも使えるよ。保湿成分で顔や手がつやつやになって、かさかさのかかとにだって効くんじゃよ。

手ぬぐいにぬかを入れたぬか袋で顔を磨くと美人になれるというのは、江戸時代からの知恵袋。もしもいらないぬかがあれば、私がもらいに行くからね。

旬

芋掘りをした子どもたちが、お芋パーティーをするから来てね、とよびに来てくれて、たくさんごちそうになったよ。ちょうどおいしい食べどきに収穫した季節のものを、新鮮なうちにいただけることほど幸せなことはない。うんとこしょっと掘り出したお芋を、ふかしたり焼いたり、あちあち言いながら皆で食べた。

その子たちが通う幼稚園では、旬の本物の味を知ってほしくて……と、園長先生が育てている畑で、季節ごとに旬の食材のパーティーが開かれる。夏には、真っ赤に熟れた甘いトマトを手でもいで、ぱくぱく。トマトがきらいだった子も「おいしい、おいしい」って食べていたよ。反対に、秋になっても冬が来ても、トマトやきゅうりなどの夏野菜しか食べられなかった子たちも、本当においしい旬の味を知ることで、他の旬の野菜も食べたいと思うようになったらしい。

今どきは旬がいつなのかわからないくらい、ほとんどの野菜が一年中お店に並んでいるけれど、何でもあるからといって、豊かさを感じるとは限らないものじゃ。

旬の盛りというのは、一年のうちのたった十日間だけ。その食材がいちばんおいしく食べられる短い時間。季節がくれる期間限定本物の味を、味わわないともったいない。

紅葉

公園に行くと、紅葉の葉っぱを集めているお嬢さんがいたよ。秋が大好きなお母さんが入院して見に来られないので、お見舞いにするんじゃと。

「食事のときにお盆の上にのせたら喜んでくれるかなと思って。外に出られなくても、秋の彩りを楽しんでもらいたいんです」と。やさしいね。

紅葉を楽しむ方法は、いろいろ。赤や黄色に染まった山をながめる。紅葉のトンネルを歩く。川や池に映るのを見る。夜にライトアップして、闇にうかび上がる幻想的な紅葉を楽しむところもあるね。

遠くに出かけなくても、身近な場所で秋をさがして、色とりどりの葉っぱを押し葉にしてしおりを作ったり、葉っぱで絵を描いたりするのも楽しいよ。

金色に染まった大きなイチョウの木の下には、銀杏がたくさん落ちていて、子どもたちがはらはらと落ちてくる扇形の葉っぱを捕まえようとしていた。まるで鳥がとんでいるみたいじゃねと言うと、ぼく学校の宿題で、こんな歌を作ったよと聞かせてくれた。「きん

いろの　とりが　ひらひら　とんでいる　くさい　うんちも　おとしているよ」。そして、「こんなにはっぱがちったらもったいないね」と言うので、いやいやそんなことはないと話をした。

落ちた葉っぱは、土の栄養や虫のおふとんになるし、古い葉を落とすことで、また来年葉っぱの赤ちゃんが出てくるんじゃ。そうやって、命がめぐっていくんじゃよ。もったいないこと何もない。

たき火

公園のたき火場でたき火をしたよ。「こんにちは」とのぞきに来た人に「どうぞ当たっていって」と声をかけていたら、小さな輪ができた。

火のまわりには、自然と人が集まってくる。火はみんなでまわりを囲むから、ええんじゃよ。たき火を真ん中にしてぐるっと囲む人の手と顔。燃えさかる炎の踊りはいつまでも見ていて飽きないし、ぱちぱちとはじける音を聞きながら、輪になっていると心も温まる。

もう少し前の時代、子どもたちには火がもっと身近にあって、煮炊きをしたり、魚を焼いたり、薪で風呂の湯を沸かすのを手伝ったり、生活の中で火の扱い方を教わることができた。が、今は火の元をさわる機会もなくなってしまったね。残念なことじゃ。

火はちゃんと扱い方を知ってさえいれば危ないことにならず、人の暮らしの役に立ってくれる。

たき火の火は、まるで人生のよう。赤ちゃんの小さな火種がだんだん燃え広がり、炎はゆらゆらと大きくなり、最高潮を迎え、そしてまた、だんだんと落ち着いた光になって燃え尽きる。燃えさかる炎もきれいだけど、炭の炎がちらちら光る火も宝石のようで美しい。

そのちらちらをながめていた人たちが、「このまま消えてしまうなんて、もったいないですね」と言うので、火のついた炭を拾い上げて、炭壺の中に入れた。これでこの中の炭は、明日もまた使うことができる。火をおこすのが大変だったころからの、もったいないの知恵袋。

最後に皆で焼き芋を食べた。ほくほくしておいしかったよ。

おむすび

食欲の秋。新米の季節は、ごはんがおいしい。おいしいごはんを食べられるだけで、わたしゃとても幸せじゃ。この前、「人生の最後に何か一つ食べるとしたら、何食べる?」と聞かれて、「ごはん」と答えたよ。

日本人として生まれたからには、お米のごはんを食べないなんて、もったいない。

子どものころは、ばあちゃんのおむすびが大好きじゃった。のりをあぶって巻いたり、梅干しやおかかや昆布が入っていたり。だけど、ばあちゃんのおむすびは塩加減もちょうどよくて、ごはんだけでもおいしかったよ。うちでは、おむすびを作るのはいつもばあちゃんの役目で、「おいしくなーれ、おいしくなーれ」と言いながら、ごはんをやさしく包むように握っていたばあちゃんの姿を思い出す。

おいしくなるように願いをこめて、ごはん粒と心を結んで作るから、おむすび。そうやって丁寧に、大事に作ってもらったおむすびを食べると、自分も大事なものになった気がしてうれしかった。おむすびを作ってもらいながら、ばあちゃんとおしゃべりした時間も懐かしい。

「私もこんなにおいしいおむすび作れるようになるかなあ」と言うと、「きっと作れるよ、ばあちゃんになったらね」と答えてくれたけど、やっぱり、ばあちゃんのおむすびができるのは、ばあちゃんだけ。だからよけいに、食べたいと思うのかもしれない。

長生き

「手相を見てもらったら、長寿の相があると言われてげんなり。長生きなんかしたくないのに……」と言う人がいたよ。「今どき長生きしたって自分もまわりも大変で、おめでたくなんかないと思う」って。もったいないねえ。そんなふうに思いながら生きていくだなんて。年をとれば助けが必要になることもあるかもしれないけど、だからって迷惑でしかないと思うのは悲しいよ。「年寄りは家の宝」という言葉があるように、長い人生でいろいろなことを経験し、たくさんの知恵を持っているおじいちゃんおばあちゃんは、何でも知っている生き字引。わからないことがあれば教えてくれる存在。いてくれるといいことがいっぱいある。

これからもっと年寄りが増えるっていうから、若い人たちが希望を持てるように、社会が明るくなるように、長生きは、楽しまないともったいない。

そう思っている人たちの集まりがあるんじゃよ。長生きわくわく倶楽部。会員は、「毎日一つ新しいことをする」ことになっていて、たとえば、食べたことがないものを食べてみる。いつもと違う道を通ってみる。本の次のページを読むのだって、一つ。昨日までしなかったことをやってみる。初めての角を曲がったら、めずらしい花が咲いていたなど、小さなことでも新しい発見があるとうれしくなって、ああ今日も生きててよかったって思うそうじゃ。

みんな入ったらいいね。

ごはん粒

ほっぺたにごはん粒がついている子を見つけたよ。「おべんとつけてどこ行くの？」と聞くと、「わあ、もったいないばあさんだー」とお母さんの後ろに逃げていった。思わず苦笑いしていると、お母さんに声をかけられた。「うちの子、お茶碗にごはん粒がべちゃっとついてとれないから、食べられないって言うんです」。それはもったいない。ごはんが温かいうちに、お茶碗の端のほうから集めて食べればきれいに食べられるよ。やってごらん。一粒残さず食べようね。

「なんだか、子どものころおばあちゃんに、ごはん粒を大事にしないと目がつぶれるって言われたのを思い出しました」とお母さん。「どうしてそんなこと言うの？」とその子が聞くので、話をした。

日本では、昔からお米をとても大切にしてきたんじゃよ。「米」という字は、「八十八」と書くように、米作りには八十八もの手間がかかると言われている。農家の方が苦労して作ったお米をむだにしたらバチが当たる、目がつぶれると言って、一粒残さず食べることを子どもたちにしつけてきたんじゃ。お米が実る稲は、命の根。生きていくために必要な命の元をいただくお礼に、神様にもお米をお供えするんじゃよ。自然の恵みといただく命、作ってくれた人に感謝して、残さないように食べようね。

「この子には、『残したらもったいないばあさんが来るよ！』って言ってます」と言われて、また苦笑い。もったいないことしていたら、行くからね。

読書の秋

「高校生の息子が本を読まなくて心配なんです」と言うお母さんがいたよ。「親としては、教養を身につけて賢くなってほしいから、本をいっぱい読んでもらいたいと思うんですけどスマホばかりで……。たまには本でも読んだらと言うと、そんなヒマないって言うんです」。何かを調べたり、友だちとやりとりしたりもスマホの時代。あふれるほどの情報が、次から次へと流れてきては去っていくネットの世界では、見るものもやることも多すぎて、忙しいらしい。だけど、もったいないと思うんじゃや。スマホに忙しくて、本を読む楽しさを知らないなんてね。

本は、ページを開くだけで物語の世界に入りこみ、どきどきしたりわくわくしたり、考えさせられたりで、心が育まれるもの。絵のない部分を思い描くことで、想像力も豊かになるんじゃよ。想像力があれば、人の気持ちがわかるやさしい人にも、自分で道を切りひらく強い人にもなれるんじゃ。それに、本を読んで人の経験や知識を学ぶことで、目的を達成する方法が早く見つかり、時間が生まれることもある。本を読む時間を惜しんで先人の知恵を学ばず、かえって遠回りして、時間がなくなることだってあるからね。

ところで、お母さんは読書を楽しんでいるのかな？　子どもに本を読ませたいのなら、お父さんお母さんたちにもぜひ本を楽しんでもらいたい。そうすれば、自然に子どもたちも読みたくなるじゃろう。

読書の秋、本読まないなんてもったいないない。

ミシン屋さん

住宅地の一軒家。「ミシンかけます」と書かれた看板を見つけた。

玄関先におばあさんがひとり。子ども用のズボンのひざにあいた穴に、布を当ててミシンで縫いつけていた。「ミシンを出して縫うのが大変だから、破れたら捨てちゃうこともあるって聞いて、じゃあうちに持ってきてくれたら縫ってあげるわよって始めたの。もともと縫いものが好きだし、どうせいつもカタカタやってるから。ちょっとミシンをかけてほしいってときに、気軽に持ってきてくれたらと思ってる」

ズボンの穴は、当て布の上からミシンをジグザグにかけて、なかなかしゃれた感じに仕上がった。

「そうでしょ、評判いいの。うちのもそんなふうにしてくださいってよく頼まれる。子どものズボンはひざがよく破れるから、こうやって当て布しておけば丈夫になるし、またはけるって喜んでもらえて、私もうれしいのよ」。そりゃうれしいね。

「いらなくなった服とか布とか、捨てるのもったいないから使ってくださいって持ってきてくれる人もいて、材料には困らない。いらないものがあふれている時代だからね。昔は、小さな布もむだにせずつくろいものに使ったり、大事にしていたものだけど……」

もったいないけど捨てられているもの、それがまた生かされるというのはすてきじゃね。ものを大事にするの私も大好きなんですよ、と話がはずんだ。何となく顔も似ているって？

いい友だちができたよ。

干す

あまったふかし芋を干しておいたら、遊びに来た人たちに好評で、あっという間になくなった。お芋ばかりたくさん食べられないと言う人も、干し芋にすると、甘みと旨みが増して、ぱくぱくいけちゃうんじゃと。お天気のいい日なら、日当たりと風通しのいい場所に半日くらい干すだけで、やわらかい干し芋になるんじゃよ。

大根も、生でも煮てもおいしいけど、干しておくと、味わいのある干し大根になって、たくわんやお漬物にもできるんじゃ。生のしいたけは、天日干しにすると干ししいたけに。にんじんやごぼうやかぼちゃ、ナスやピーマン、エノキダケなんかも、ちょっと残ったものは干しておくといい。生のままより長持ちするし、水分がぬけて、味がしみこみやすくなるんじゃよ。もどした水はいい出汁が出るから、スープに使うとおいしいよ。

お日さまの力は、本当にすばらしい。ただ干しておくだけで、旨みがぎゅっとつまって甘くなるし、栄養価も上がるし、魔法のよう。

あまった野菜があれば、とりあえず干してみるのはどうじゃろう。お店では買えない、いいものができるかもしれないよ。

そうそう、うちでは大根の葉っぱを干して、お風呂に入れることもあるんじゃよ。干し葉のお湯は、温泉みたいにぽかぽかあったまるいいお風呂。干したみかんの皮やりんごの皮のお湯も、いい香り。

風邪

くしゃん！　くしゃん！　へっくしょん！

町を歩くと、あちこちからくしゃみが聞こえてくる。風邪は万病のもと。くしゃみのころの養生が肝心じゃ。本格的にひいてしまってからでは、なかなか治らないからね。今日会った若い女の子は、鼻を真っ赤にしながらティッシュの箱を持ち歩いていた。かんでもかんでもはながとまらなくて、あっという間にティッシュがなくなってしまうそうじゃ。

「ねえおばあさん、鼻づまりが治る方法、なんかない？」と聞かれて、「そりゃ、ねぎを鼻につっこんどけばええんじゃよ」と答えると、「えっ、ねぎを？　ムリ〜」とあとずさり。なんで無理なんじゃ？　せっかくのいい知恵を、使わないなんてもったいない。

私が子どものころには、ばあちゃんがねぎの白いところを薄くはいで、つまっている鼻にはってくれた。目につんつんしみていやだったけど、はってもらってしばらくすると、すーっと鼻が通って気持ちがよかった。ねぎは鼻の穴につっこまないで、鼻の根元にはっておくだけでも効くんじゃよ。友だちの家のばあちゃんは、大根のしぼり汁をたらして鼻づまりを治していたが、いや、れんこんの汁がいいと言う人もいたし、蒸しタオルで鼻をおさえておけばいいと言う人もいた。身近なもので手当てをしてくれたばあちゃんたち。ばあちゃんの数だけ知恵があった。先人の知恵が伝わらないのは、もったいない。

私は、うちのばあちゃんに教えられたとおり、帰ってきたら塩番茶でうがいをする。ぞくぞくっときたら、しょうが湯や葛湯を飲んでさっさと寝てしまう。おかげで長いあいだ風邪もひかないよ、と言ってたら……。

くしゃん！　くしゃみが出た。おやおや、だれかがうわさをしとるようじゃ。もったいないことしていたら、もったいないばあさんが来るよ！　ってね。

和の食

無形文化遺産に登録された和食。私たちの食文化が、世界の人たちにも未来へ守り伝えたいと認められたのはうれしいね。

日本では昔から、今日も無事に命が生かされているのはありがたいことと考えられてきた。私たちが生きていくためにいただく命、自然の恵みに感謝して、残さないように大事にいただく「もったいない」の心を私たちは持っている。和食を理解してもらうために、そこにこめられた心も知ってもらえたらと思う。

和食の「和」には、異なるものが出会って、違いがあってもいっしょにいることを楽しむという意味がある。和の料理は、食材の一つ一つを大事にして、そのよさを引き出しながら、全体を調和させる料理。そのために、昆布やかつお節でとった、やさしくて旨みたっぷりの出汁が使われるんじゃや。和食は、食材の和を作る料理なんじゃよ。

人の和は、季節の行事やお祭りで、皆で集まって食べることで作られてきた。食事は、ただおなかを満たすためだけのものではなく、習慣や作法を知り、大事にしていくことで、人と人との和が育まれるということを学ぶ場でもある。

食事のときに手を合わせて言う「いただきます」と「ごちそうさま」。自然を敬い人にやさしく感謝する心もまた、世界に伝え、そして、日本の中でもなくさないように守っていきたいものじゃ。

もったいないばあさん日記

冬

しょうが

近所の友だちが、「しょうが分けてもらえない？」と言ってやってきた。

「いいよ、どうしたの」「風邪ひいちゃって、しょうがを買いに行ったんだけど、売りきれてどこにもないの」「へえ」「昨日ＴＶ番組で、しょうががいいっていう特集をやったらしくて、みんながわあっと買いに来たんだって。『奥さん今ごろ来ても遅いよー』って言われちゃった。しょうが湯作りたいのに肝心なものがなくて……」

さっそく庭に埋めてあるしょうがを掘り出して、あげることにした。

この季節にしょうがが手に入らないとは、風邪ひきさんがたくさんいるのに困ったね。しょうがは冷えたからだを温めてくれるから、食べるとぽかぽかしてひきかけの風邪くらいふっとんでしまうんじゃ。からだがぽかぽかすると、心までぽかぽかして、ほっとするから不思議じゃよ。しょうが食べたらＨＯＴ《ホット》してほっとする、なーんてね。だけど、三日坊主ではもったいない。毎日少しずつしょうがを食べていれば、ぽかぽかがからだの流れをよくしてくれて、風邪をひかないのはもちろん、お通じがよくなって肌がきれいになるし、むくみや肩こりもとれて若返るんじゃよ。私も好きでよく食べるから、おかげでほれ、ぽかぽか元気。

寒い日には、しょうがのプレゼントもいいねと思い、とり出したしょうがに赤いリボンをつけてあげたら、「わあ、ありがとう！」と喜んでくれた。

「もったいないばあさんちにもなかったら、もうあきらめようと思ってたの。しょうがないなって」

そんなだじゃれが言えるようなら、すぐに治るよ。お大事に。

ガム

　駅前広場を歩いていると、何かがくつの底にねちゃねちゃひっついてしまった。見ると、ガムがべったりはりついている。どうしようかと思っていると、「よかったらこれどうぞ」と声をかけてくれる人がいた。

「ガムは油にとけるから、ちょっとつけたらとりやすいですよ」と、古布の切れ端に瓶から油をたらして手渡してくれた。「この油はてんぷらに使った残りものでね」と言いながら、道にある黒いてんてんに油をたらしている。

「何してるんですか？」と聞くと、「ガムとりそうじ」とのこと。ボランティアで駅前のそうじをやっていて、へばりついたガムをとる作業をしているらしい。道についているてんてんのほとんどが、はき捨てられたガムなんじゃって。よく見ると、広場にはあちこちにてんてんがついている。

　ガムをかむ人がちゃんと紙に包んでゴミ箱に捨てればいいだけなのに、こんなめんどうなことになるなんて、そうじする人の労力も時間も、もったいない。

その人は、人が捨てたガムのそうじにお金を使うのもしゃくだから、使い古しを再利用しようと、てんぷら油を使っているそうじゃ。おかげで私のくつのガムもきれいにとれたよ。

お風呂

天日干しにしたみかんの皮をさらし袋に入れて、お湯にうかべたみかん風呂。甘くさわやかな香りが湯気の中にふわっとただよう。

みかんの皮には、温泉のようにからだを温め、お肌をつやつやにしてくれる成分があるから、ゆったり湯船に浸かっていると、ほかほかのつるつるになるんじゃよ。

みかん風呂といえば、うちのばあちゃんのことを思い出す。よくお風呂に入りながら、まるごとうかべたみかんをむいて食べさせてくれた。水分補給と言いながら、自分もおいしそうに食べていたっけ。

みかんの皮で浴槽を洗うのも、ばあちゃんがごしごし皮でこするのをお手伝いしながら覚えたんじゃよ。みかんの皮の成分がとけ出したお湯は、洗濯に使うと汚れがよく落ちるというのも、ばあちゃんが教えてくれたこと。みかんの皮には、ばあちゃんとの思い出がつまっている。

昔は、井戸水をバケツで運んで湯船を満たし、薪でお湯を沸かしてお風呂に入るのは、手間のかかることじゃった。そうしてお湯をありがたく思い、皆で気持ちよく入るための知恵が生まれたんじゃ。冬至の柚子湯や端午の節供のしょうぶ湯のようにね。日本には昔から、季節の香りと効能を楽しむお風呂文化があるんじゃよ。

今は私がばあちゃんの年代になり、ばあちゃんが教えてくれたように、若い人たちに、昔ながらの知恵を伝えていきたいと思っている。知恵を伝えないのが、いちばんもったいないからね。

虫食い

白菜をたくさんいただいたよ。鍋物に漬物に大活躍で助かるが、くれた人が「売れ残っちゃって」と言うので、なぜか話を聞いてみた。

「ほら見て」と言われた指の先を見ると、白菜に小さな虫食いの穴があいている。「それにほら、ここ」と言われたところは、穴だらけでレースの葉っぱみたいになっていた。

「見た目が悪いと売れないのよ。中身は同じおいしい白菜なのに……」。外側の葉をむいてみたらと言うと、「むいたけど、中にも穴があいていて、またむいても穴があって、むいてもむいてもなくならず、そのうちに、丸々大きかった白菜が一回りも二回りも小さくなっちゃって……。苦労して育てた野菜だから、くやしいし情けない」と肩を落としていた。

「もったいないばあさん、虫に説教してくれない？　食べるなら、ちゃんと一枚全部食べなさいって。ちょっとかじってから他の葉っぱに移るんじゃなくて、最初の一枚を最後まで食べきらないともったいないでしょ」。そりゃそうじゃ。でも虫も、中の葉っぱのほうがやわらかくておいしいことをわかっているんじゃろうね。

虫が食べるほど安全でおいしい白菜を、穴があいているからといって食べないのはもったいない。わたしゃありがたくいただくよ。

白菜をくれた人は「無農薬で作ってるから、虫と仲よくやっていくしかないけど、もったいない食べ方するな！　と言いたい」って。

そうじゃね、春が来たら言ってみよう。

大切な命

知り合いのご夫婦に赤ちゃんが生まれた。長いあいだほしいほしいと願っておられたので、まわり中みんな喜んで、笑顔がいっぱいになったよ。

「生まれてきてくれて、ありがとう」。お父さんもお母さんも、我が子を抱いてそう言った。五歳になっても「大好きよ」と言って、毎日抱きしめた。今は十歳になった子どもにも、「あなたがいてくれてどんなにうれしいか」と話をするそうじゃ。

その子は、自分が大事な存在だとわかるから、他の人も自分と同じように大事だと思うようになる。思いやりのある、命の大切さがわかる人になるじゃろう。

けれども残念なことに、そう言ってもらうことがない子どもたちもいるね。中には、「あんたなんか生まなきゃよかった」と言われたり、存在を無視されたりする子どもたちも。そんなひどいこと、だれにも言わないでもらいたい。そんなことされたら、心が荒れて、自分も人も大事になんてできないよ。

すべての子どもたちに「ただいてくれるだけでいい」と、抱きしめてくれる人がいてほしい。他の人に向かって「死ね」と言う子どもたちは、そんな人がいない寂しさをぶちまけているのかもしれない。それでまた傷つく人が増えるなんて、悲しくて切なくて、もったいないことじゃ。

もしも、自分が死んでも悲しむ人なんてだれもいないと言う子がいたら、私がすごく悲しむと言って、いっしょに泣きたいよ。

どの子もみんな、かけがえのない大切な命。

絵日記

海の近くに引っ越した人が、とっておきの場所に連れていってくれたんじゃ。大海原の向こうには、雪を冠にした富士山がそびえ立ち、冬の太陽が波しぶきをやわらかくきらきらと照らしていた。波は大きく広く雄大に、寄せてはひいていく。まるで海が生きているようで、その風景全体がすばらしいものじゃった。

スケッチブックをとり出して、絵を描きだしたら、「もったいないばあさん、絵も描くの?」ってびっくりされたよ。うまいへたは関係なし、こんなすばらしい情景を描かないなんてもったいない。景色だって一期一会。いつも同じものが見られるとは限らない。

同じ海でも、風のない日は波も静かだし、生き生きとした躍動感を今日ほど感じないかもしれない。雨の日や、真夏の太陽の下と、このやわらかい光の中とでは感じるものが違うし、時間に追われていたら、ゆっくり景色を楽しむゆとりがないかもしれない。今この瞬間、この季節のこの日この時間だからこそ持てる幸せ、自然からの贈りもの。こんなすごいものを見せてもらって、ああ生きててよかったって思ったよ。

「動画に撮りましょうか」って言ってくれたけど、いやいや、この風や音やにおいを全部、描いているあいだ中感じていれば、また思い出すじゃろう？　それがええんじゃよ。生きる喜びを感じる壮大な景色。ありがたや、ありがたや。

柚子

たくさん黄色の実をつけていた庭の柚子も、もうあと三つか四つ、残った実が葉っぱのあいだで埋もれるように揺れている。柚子の皮は千切りに、実は種をとってから刻んで、合わせて砂糖をまぶしておくと、おいしい柚子茶ができるんじゃ。一さじ分を湯飲みに入れてお湯を注ぎ、寒い日のお客さんにごちそうしたら、皆とても喜んでくれる。自分も作りたいからと、庭に柚子の木を植えた人がおもしろいことを言っていたよ。

「植えてからもうずいぶんなのにちっとも実がならないって、近所のおじいちゃんに話したら、『柚子はバカだから、教えてやらないと、実をつけるってわかんないんだ』って言うの。それで、おじいちゃんちの実がなっている柚子の枝を切ってきて、うちの柚子の木にさして、『わあ、なったなった、柚子の実がなったー、わーいわーい』って手をパチパチたたいたの。おじいちゃん、『はい、これでおたくの柚子も実がなるってわかったと思うよ』って帰っていったんだけど……ほんとかな」じゃって。

桃栗三年柿八年、柚子のバカヤロ十八年っていうけど、早めに実をつけてくれたらいいね。

その人は柚子が大好きで、もっと前から植えたいと思っていたんだけど、人に、「実のなる木を庭に植えるのはよくないっていうからやめたほうがいいよ」と言われて、ずっと植えなかったんじゃと。

「どうして実のなる木はよくないのかね？」と聞くと、「さあ、それはわからないのよ」という返事。そんな理由もわからない話のために、せっかくの庭に、大好きな実のなる木を植えないなんて、もったいない。

うちには梅も柿も金柑もイチジクもビワも木があって、季節の恵みを味わう幸せを楽しませてもらっているよ。ありがたいことじゃ。

心をこめて大切に育てていれば、木はちゃんと応えてくれる。おいしい実をつけることでね。

手習い

「六十の手習いを始めました。よかったら書道展に来てください」という年賀状をいただいて、見に行った。力強い字や、楽しそうに踊っている字、なんて書いてあるかわからない芸術的な字、会場にはさまざまな書体の作品が並んでいて、おもしろかったよ。

年賀状をくれた人は、子どものころのお習字は苦手だったけど、今は楽しくてしかたがないと言う。

「子どものときはお手本のとおりに書かないとダメと言われて、練習してもへたくそで、上の級に上がれず親に怒られていやだったけど、今の手習いは、へたでも先生がほめてくれる。個性があっていい、味があっていいと、自由に書かせてくれるのよ。それに、仮名文字の由来や歴史を教わって、ああ、この字はこういうふうに書かれてきたのかと思いながら書くのも楽しいの」と話していたよ。

手習いのいいところは、大人になってこそわかる良さなのかもしれないね。年をとっても楽しみながら、ずっと続けていけることが見つかってよかったよ。それに、書道の腕は年をとったからといって衰えることがないらしい。会場で、九十歳の人が、二十年続けている七十歳の人に「あなたはまだ若いから先が楽しみね」と言っていた。

死ぬ前に「ああ、本当はずっとあれがやりたかった」と後悔するのはもったいない。何かを始めるのに、遅すぎるということはないんじゃよ。

「はい、これプレゼント」と言って書いてくれた。うまいもんじゃね。

種枕

そろそろ種枕を作る季節がやってきた。捨てずに洗って干しておいた梅干しの種を集めて作る種枕。梅の種の表面には穴がたくさんあいていて中が空洞だから、通気性がよく熱もこもらない。ほのかな梅の香りとほどよいゴツゴツ感が気持ちよくて、ぐっすり眠れるうえに、翌朝すっきりと目がさめるんじゃ。

毎年この時期になると、たまった種を使って新しい種枕を作り始めるんじゃよ。この一年お世話になった人へ感謝の気持ちをこめてプレゼントするために。

「種を捨てたらもったいない。枕が作れるのにもったいない」と言っていたら、まわりの人たちが、梅干しの種を捨てずにとっておいてくれるようになったんじゃ。

今日も近所の人が、「今年はたくさんたまったよ」と買い物袋いっぱいの種を持ってきてくれたよ。とがったところは、ひとつひとつ小刀で丸くする手間がかかるから、種枕を作るのは大変だけど、喜んでくれる人の顔を思いうかべると、楽しい作業になるんじゃよ。

「去年もらった種枕、すごくいいから、つれあいにも一個作ってほしい」と頼まれたり、

「寝ながら指圧してもらってるみたいで最高！　もう手放せない！」と言ってくれたり、なかなか評判がいい。

必要としてくれる人に使ってもらいたい。いらない人にあげてもじゃまになるだけで、もったいないことになるからね。

今年はだれにあげようか、いちばん喜んでくれるのはどの顔かなと考えながら、種をつめて袋をちくちく縫っていく。

どこにもらわれていくのじゃろうね。喜んでくれる人のところに行けたらいいね。こりゃまるで、娘を嫁に出す親の気分じゃわ。

暮れの始末

年の暮れには整理をしよう。必要なときに必要なものがすぐに使えるように。

そのためには、ちょっととっておいたものや、押し入れにためこんだものの始末が欠かせない。ものがぎゅうぎゅうにつまっている押し入れでは奥のものがとり出せないし、何をどこに入れたかわからなくなって、もう一度買うはめになってしまうからね。もったいない。

ものは使ってこそ生きるもの。使わないものは必要な人のところへ回して使ってもらえばいい。

捨てるしかないものは、リサイクルできるように分別して処分する。そうすると、また新しいものに生まれかわって生かされることになる。

水の流れがよどむとくさくなるように、ものも使われずにしまいこまれていたら、よどんでくさってしまうんじゃ。川を流れる水はめぐりめぐって雨となり、山に降り注いでまた川に戻ってくる。水は回って生きている。ものもためこまずに流してあげると、また生かされて、戻ってくるんじゃよ。

一年たっても使わなかったものは、感謝の気持ちと愛情を持って、元の流れに戻してあげよう。始末とは、ただ捨てるのではなく、責任を持って最後までめんどうをみること。冷蔵庫の中の始末は、野菜の切れ端やお豆腐半丁やらを全部入れて、始末鍋を作るんじゃ。皆でふうふう食べながら、最後におそばを入れて、年越しそばにするんじゃよ。

年の暮れには大始末をしてすっきりとした気分でお正月を迎えたい。

新しい年が生き生きと流れるいい年になるように。

お店

酒屋さんの奥さんと立ち話。子どもたちは独立して離れたところに住んでいるし、手伝ってくれる人もいないし、重いものを運ぶ酒屋の仕事がきつくなって、そろそろやめることにしたそうじゃ。寂しくなるねえ。

先月は、商店街の人たちと、お米屋さんを惜しむ会を開いたばかりじゃよ。気軽に話せるなじみの顔に会えなくなると思うと、残念な気持ちになってしまう。

商店街をぶらぶら歩くのは、楽しいよ。あちこちの顔見知りから声がかかるし、「今晩のおかずにどう?」なんて話をしながら買い物ができる町は、人のぬくもりであったかい。商店街のお店には、いつまでも活気にあふれていてもらいたいね。

近所にお店がなくなって、大きなスーパーで買い物をするお年寄りの話を聞いた。

……今は人と話をすることがない。レジの人とちょっとおしゃべりしただけで、後ろの人から「急いでいるんですけど」とせかされる。機械ばかりしゃべっている気がする。お金をおろすときも、乗り物に乗るときも、スーパーの出入り口でも、ぺらぺらうるさいくらい。なのに、会話はできない……と寂しそうじゃった。

こんなにたくさん人がいるのに、ふれあわず、話をしないのはもったいない。

さっきの酒屋さんにこんな話をしたら、実は酒屋はやめるけど、駄菓子屋さんを開くのだという。子どもたちとわいわい話をするお店にしたいって、そりゃ楽しみじゃね。

味噌作り

大寒の日に水をくんで、大豆をコトコトやわらかく煮てつぶし、麹と塩を混ぜあわせてから樽に仕込んだら、あとは待つだけ。

樽の中でゆっくりと発酵が進み、秋の涼しい風が吹くころにはおいしいお味噌ができあがる。

お味噌を作るのは楽しぃよ。お豆を煮ていると、家の中に何ともいえない甘い香りがただよって、ちょこちょこと味見がしたくなる。温かいゆでたてのお豆の味は、また格別じゃ。それをつまみ食いしながらつぶしてだんごにし、樽の中に投げ入れて、空気を抜きつつ、ぎゅうぎゅうと仕込む作業は、子どもたちにも大人気。喜んでお手伝いしてくれるんじゃよ。

同じ作業をしていても、お豆の煮え加減やそのときの温度、待つ時間や仕込みをする容器など、いろいろな違いでできあがりの味も変わってくる。だから、味噌作りはおもしろい。作る人の数だけ、いろいろなお味噌ができあがるからね。

味噌作りには三つの楽しみがあるんじゃよ。
作る楽しみ、待つ楽しみ、食べる楽しみ。
作ってみないのもったいないない。

巻き寿司

「もったいないばあさんの巻き寿司作りました！」と持ってきてくれる人がいた。私によく似た顔が、のり巻きの模様になっていて、金太郎アメみたいに、切っても切っても同じ顔が出てくるんじゃよ。うまいことよくできている。

それにしても、なんでまたこんなのを作ろうと思ったのと聞くと、子どもたちがお年寄りから郷土の伝統を教えてもらう授業があって、地域に伝わる飾り巻き寿司の作り方を習ったんじゃって。

「その中で、どんな模様にするかと話しあい、もったいないばあさん模様の巻き寿司を作ることになったんです。これを食べたら、もうもったいないことしちゃいけないねって、みんなで気をつけています」とのこと。

お年寄りからじかに教わる機会は、今の子どもたちには貴重な体験かもしれないね。先人の知恵から学ぶことは多いし、地域に伝わる伝統や文化を習うことで、その土地に生きることを誇りに思うようにもなる。子どもたちも巻き寿司でこんなことができると知って、楽しかったみたいじゃよ。

「今年の節分は、もったいないばあさんのお寿司をみんなで食べました」と言われて、うれしいようなこわいような。

残さないように食べようね。

禅寺

禅寺で修行体験してきた人がいてね、いい話を聞いたよ。

お寺では、座禅の時間だけでなく、食事のときにも、静かに正座をして、感謝の気持ちで食べものをいただく心構えが教えられる。正座をしている人のあいだを禅僧がまわって、心乱れたふるまいには、パシッと警策がとばされる。

食事の前に注意があった。

「茶碗についたごはん粒は、たくわんでぬぐい、お茶で洗うように飲み干して、最後まですべていただくこと」。なのに、その人は先にたくわんを全部食べてしまった。茶碗のごはん粒をおはしでがんばってとろうとしていたら、パシッときた。そして、たくわんを一枚わたされ、「これできれいにいただきなさい」と諭されたという。

豆腐のお椀にも、「あとでお茶を入れて、破片まできれいに飲み干すこと」と言われていた。が、うっかり醤油をかけすぎてしまった。おまけに、お茶もちょっとしか残っていない。どぼどぼの醤油を見ながらためらっていると、またパシッときた。「むだに多くかけすぎてはいけません」と言われ、お茶はもらえなかった。かけすぎた醤油をそのまま飲むはめになってしまい、すごくからかった……。

食べることは、命をいただくということ。

自然の恵みと作ってくれた人に感謝して、残さずいただくことこそ、もったいないの心じゃよ。

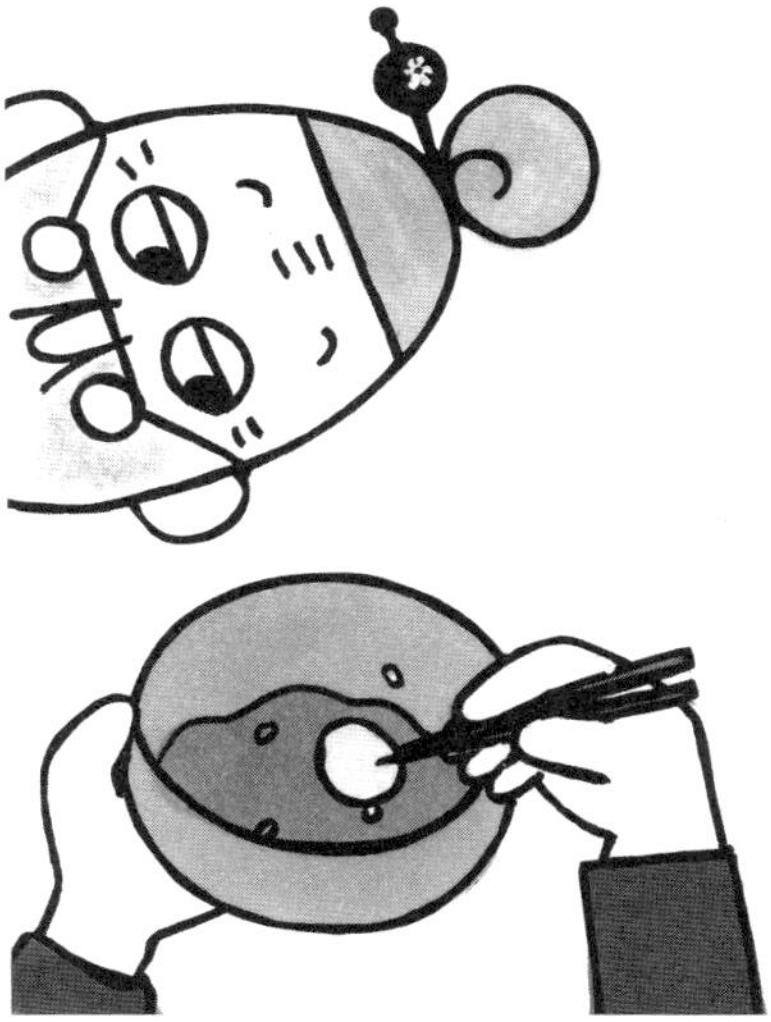

ありがとう

「主人が『いつもありがとう』って言ってくれたんです」と涙ながらに話してくれた人がいた。

ご主人は亭主関白でえらそうにしている人だったが、病気をして命を失うかもしれないことになって初めて、自分を支えてくれる人たちへの感謝の気持ちでいっぱいになったらしい。みんな助けたり助けられたり、支えあって暮らしていることに気づけてよかったね。だれもひとりでは生きていけないものだから。

「ありがとう」は、言ったほうも言われたほうもうれしい言葉。「あなたがいてくれてよかった」って聞こえるよ。言って言いすぎることはないものじゃ。

「今日のごはんおいしかったよ、ありがとう」って言われたら、だれだってうれしいし、また言ってほしくてがんばるから、ずっとおいしいものが食べられることになる。

「今さらありがとうなんて」とか、「言わなくてもわかっているはず」なんて思わず、感謝の気持ち、伝えないのはもったいない。忘れないようにね。

「もったいない」は、感謝の気持ちと思いやり、相手を敬う心じゃよ。

「ありがとう」の反対は、「あたりまえ」。

おすそ分け

ご近所の奥さんが、「作りすぎちゃって、よかったら」とおかずを持ってきてくれた。野菜のマリネと煮物と、炊き込みごはんのおにぎりまでついている。ありがたいねえ。「いい野菜をたくさんいただいたので作ったら、容器にも入りきらないくらいできちゃって。もったいないばあさんの顔がうかんだの。喜んでくれるかなって」。おいしいもののおすそ分けなんて、そりゃうれしいよ。思い出してもらえて、わたしゃ運がいい。

その奥さんのところには、ときどき友だちが料理を持って集まるそうじゃよ。得意料理を教えあったり、食べくらべをしたり。楽しそうじゃ。「ドライカレーも友だちにおすそ分け頼んじゃった」って。ほう、ドライカレー？

「彼女のドライカレーは絶品でみんな大ファンなんだけど、教えてもらって作っても同じ味が出せなくて……。やっぱりあなたのがいちばんよ、ってほめたら、お正月にたくさん作るからおすそ分けするわって言ってくれて、じゃあ、それぞれ料理を持ちよって、お互いにおすそ分けしましょうってことになったの」じゃって。

「みんな自慢のおいしいものばかり集まるから、これでもうおせちに飽きても大丈夫。お正月が待ち遠しくなっちゃった」

得意なものを持ちよって分けあえばお互いに助かるし、食べるのがますます楽しくなる。お手本にしないのがもったいないくらい、すてきなアイデアじゃないかいね。

酒粕

冬になると食べたくなる粕汁。鮭やブリ、大根、にんじん、ごぼうなどを入れて酒粕で煮込んで作る粕汁は、からだの芯からぽかぽか温まって、寒い日にうれしいごちそうじゃ。若い人の中には、粕汁や、酒粕を使った料理を作ったことがないという人がいて、お店の人が、「酒粕を買うのは五十代以上の人がほとんど。家で作る人も少なくなったかもしれませんね」と話していたよ。もったいない。

酒粕は、日本酒を造るときに発酵したもろみをしぼった後に残るもの。カスとよばれているけれど、栄養満点でいろいろな効用があるんじゃよ。肉や魚を酒粕に漬けておくと、酵素の働きでやわらかくふっくらとおいしくなる。雑菌の増殖を抑える働きがあるから、味噌作りのときのふたにするのもいい。大根やカブと和えれば即席の粕漬けに。

酒粕で作る甘酒は、風邪薬としても重宝されてきたんじゃよ。飲む点滴と言われるほど滋養が高く、江戸時代には暑さをしのぐ栄養ドリンクとして、夏にもよく飲まれていたそうな。酒粕は、もっともっと広く親しまれてもらいたいものじゃ。

お酒は、神様にお供えした干し飯《いい》（蒸し米を干したもの）にカビが生えたもので造ったのが始まりと言われている。お供えのごはんを捨てるのはもったいない、何かに使えないかと思った人がいて、それがお酒だけでなく酒粕を生み、粕漬けや甘酒、粕汁にまでつながっていったとしたら……。

もったいないと思う気持ちは、やっぱり大事じゃね。

笑い

一年の終わりに、どんなことも笑って吹きとばし、次の年を明るく迎えようと、大きな声で笑い合う伝統行事「笑い講」を見に行った。

二人組になって、三回大きな声で笑う。一回目の笑いは今年の収穫に感謝して、二回目は来年の豊作を願って、三回目は今年の苦しかったことや悲しかったことを忘れるために笑うという。豪快に笑う人たちを見ていると、なんだかいっしょに笑いたくなったよ。

この笑い講は、笑いを世界に広げて、世界中の人たちが笑顔で平和に暮らせるようにと、世界選手権が開かれているそうじゃ。笑いの競いあいなら、勝っても負けても楽しいね。笑顔は万国共通のもの。

「笑う門には福来る」ということわざが日本にあるように、海外の国にも、「笑いは百薬の長」という意味の「Laughter is the best medicine.」ということわざがある。笑うとストレス解消になってからだにもいいし、笑っている人のそばにいると、自分も楽しくなって笑いたくなるよ。

笑う人も幸せで、まわりの人たちも幸せに。笑顔というのはそうやって、広げて分けあわないと、もったいない。

笑いで満ちあふれた世界になるといいね。

みんなでいっしょに笑おう。

もったいないばあさんの知恵ことば❶

自然は私たちにたくさんのものを与えてくれる。私たちは、自然の恵み、生きものの命をいただいて生きている。それが、自然に感謝して、大切にする理由なんじゃよ。

タンポポは、踏まれても踏まれてもまた立ち上がって、お日さまみたいな花を咲かせるよ。茎はふえに、葉っぱはサラダに、根っこはコーヒーに。タンポポのゼリーは、お日さまのゼリー。

三人寄れば文殊の知恵。世界中の人が集まったら、どんなことだってできるんじゃ。

柚子の種を焼酎に漬けて、虫にくわれたときのかゆみどめに。

わかりやすく、心に響くように話すには、本当のことを短いことばで。

コーヒーの出がらしは、乾かして、冷蔵庫や靴箱のにおいとりに使えるよ。

どっちが先に笑いかけるかなんて、気にするのはもったいない。先に笑ったほうが勝ち。

夏の暑い日には、ぬらして凍らせたタオルを首に巻いて、熱中症にならないように。

庭の花を切って飾るのは、朝の早いうちか夕方に。長持ちするよ。

ひがんだり、うらやんだり、もったいない。喜ぶ心まで失うことになるんじゃよ。

お米のとぎ汁で里芋をゆでると、ぬめりがとれる。大根はやわらかく仕上がるよ。

お米のとぎ汁にはぬかがいっぱい。せっけんのかわりに使うと、顔も手もつるつるに。

明るく、おおらかに、筋の通った生き方を。

出汁をとった昆布は、一口大に切って、ごま油をぬり、塩をふって焼くとおいしいよ。

大事なのは、同じ過ちをくりかえさないこと。

よもぎのてんぷらは、衣を片面につけるのが春の香りを生かすコツ。

経験することでしか学べないことがあるんじゃよ。やらずに後悔するのはもったいない。

もったいないは、ケチとは違う。ケチは執着、もったいないには愛がある。

もったいないばあさんの知恵ことば❷

自然のものは、石ころ一つとっても同じものはない。人も同じ。

にんじんのヘタは、水に漬けたらかわいい若葉が出てくるよ。

毎日を楽しく過ごすには、小さなことに喜びを見つけられるようになること。そして、あたりまえのことがありがたいものだと気づくこと。

かたくなった干物は、一度お酒にくぐらせて焼くとふっくら。

自分がしたことで、だれかが笑ってくれたり喜んでくれたら、あったかい気持ちになる。それが幸せ。

切ったかぼちゃは、種やワタをとっておくと、長持ちするよ。

おにぎりを作るときには、梅酢を少しつけて握ると、くさりにくくなるんじゃよ。

いいところを見つけたら、ほめないなんてもったいない。いくつになっても、ほめられたらうれしいよ。

整理整頓。肝心なときに出てこなくて使えなかったらもったいない。

お日さまは元気に大きくなる力をくださる。お月さまは美しいと思う心をくださる。そしてお星さまは、願いがかなう夢をくださる。見えなくても、いつも輝いておられるよ。

あいさつは、心と心をつなぐもの。

朝には希望。昼には努力。夜には感謝。そして、いつももったいないの心を。

何でもかんでも使い捨てにしていたら、地球の上はゴミだらけ。

お茶の出がらしは、玄関にまいてそうじをすると、ほこりがとれて、香りもいい。

ごはんを食べながらけんかするのは、もったいない。おいしい食事がだいなしじゃ。

「山笑う」は、春の季語。夏は「山滴る」、秋は「山装う」、冬は「山眠る」。

命はすべてつながっていて、一つ一つの命が大切なんじゃよ。

小アジやイワシなどの残った骨は、油であげて骨せんべいに。

信用できるが積みかさなって、信頼に。

おばあちゃんの数だけ知恵がある。

「もったいない」は、
感謝の気持ちと思いやり、
敬う心なんじゃよ。

二十四節気

古代中国で作られた季節の区切り。太陽が一年で一回りする道筋を二十四等分し、それぞれの期間に季節をあらわす名前がつけられました。

立春、雨水、啓蟄、春分、夏至、秋分、冬至、大寒などの言葉が今も用いられています。

雑節

日本の気候風土に合わせて作られた、季節の変わり目をあらわすもの。農作業の目安となるように、先人の知恵がこめられ、伝えられてきました。

節分や彼岸、八十八夜、入梅、土用、二百十日などがあります。

五節供（五節句）

江戸時代に決められた一年の節目となる日。人日（七草）の節供、上巳（桃）の節供、端午（菖蒲）の節供、七夕（笹）の節供、重陽（菊）の節供があります。

節は、元々中国で決められた季節の変わり目をあらわし、暦の奇数（陽数）が重なる日に、旬の植物から力をもらい、邪気を払う日とされていました。

そこに日本の農耕の風習が合わさって、宮中で邪気を払う行事が催されるようになり、江戸時代には五節供が式日（祝日）とされて、民間にも広がっていきました。明治時代、旧暦から新暦に変わった時に、式日としての節供は廃止されましたが、五節供の風習は、今も年中行事として、私たちの暮らしに根づいています。

あとがき

『もったいないばあさんの知恵袋』の原稿を書くことで、私自身も日本の良さについて再認識することができました。

日本を表す「和」という言葉には、「異なるものが出会い、違いはあっても一緒にいることを楽しむ」という意味があるそうです。自分たちと違うからといって争ったり戦ったりせず、互いに認め合い、違いを楽しみ、共に生きることを喜ぶ「和」。

つながり喜ぶ和を作るためには、お互いに敬う心が必要です。それは、相手を尊重する思いやり、やさしさ、ありがとうと思う感謝の気持ち。

日本では昔から、そんな和の心が大切だとされてきました。

昔から守り継がれてきた風習や年中行事は、自然の恵みに感謝して神様にお供えし、家族の健康と幸せを願うものです。そこには、人は一人で生きているのではなく、人と人、人と自然、大きなつながりの中で生かされていることを喜び、敬う心がこめられています。

私は、「もったいない」は和の心そのものだと思うし、そんな心をもつ日本はすばらしい国だと思いました。

もったいないばあさんならどうするか、と考えることが生活の一部になってきた、そんな私のささやかな夢は、種や草を焼酎に漬けた瓶や梅干しの樽を並べて、「のどがイガイガするときには黒豆の煮汁」とか、「おなかの調子がよくないときは梅干しを」とか言いながら、暮らすことです。

これからももったいないばあさんといっしょに学びつつ、先人の教えや昔ながらの知恵、和の心を伝えていきたいと思います。もったいないことがなくなるように願って。

真珠まりこ

最後になりましたが、これまで読んでくださった読者の皆さま、「もったいないばあさん日記」十年を超える連載の間にお世話になった毎日新聞社の皆さま、書籍にまとめてくださった講談社の皆さまに、心からの感謝と敬意をこめて——

ありがとうございました。

もったいないばあさんの
ワールドレポート展

もったいないばあさんのワールドレポート展は、もったいないばあさんをガイド役に、世界の問題と私たちの暮らしとのつながりを伝える展示会です。いま地球で起きている問題はすべて、命を一番に考えていたら起きなかったと思うことばかり。命の大切さを伝える「もったいない」ということばのメッセージで問題をまとめました。ユニセフHPで紹介されている世界の子どもたちの話を通してお伝えします。

「自分さえよければと思わず、分け合う気持ちがあれば平和な世界が必ずできる。どうすれば皆で幸せに暮らせるかを考えていこう。できることをやらないなんて、もったいない」

『もったいないばあさんと
考えよう　世界のこと』
（講談社）

DVD『もったいないばあさんと
考えよう　世界のこと』
（モーニング）

真珠まりこ

神戸生まれ。大阪とニューヨークのデザイン学校で、絵本制作を学ぶ。はじめての絵本『A Pumpkin Story』(Greene Bark Press, USA) は、1998年アメリカで出版された。2000年同書翻訳版『かぼちゃものがたり』(学研) 出版。2004年講談社より出版された絵本のキャラクター「もったいないばあさん」は、連載中の毎日新聞のほか、朝日小学生新聞、幼児雑誌「おともだち」、こどもエコクラブニュースなどさまざまなメディアで連載されてきた。他の作品に『おべんとうバス』『おでんのゆ』『おはよう　あさごはん』『こんにちは！　おひさま』『ぽんぽん』『おたからパン』(以上ひさかたチャイルド)、『チョコだるま』(ほるぷ出版)、『なないろどうわ』(アリス館)、『かまくらレストラン』(教育画劇) など。2008年より地球上で起きている問題と私たちの暮らしとのつながりを伝える、「もったいないばあさんのワールドレポート展」を開催し、全国を巡回展示。UNDB-J 生物多様性リーダー、地球生きもの応援団メンバー。

参考資料

『暮らしのしきたり十二か月』
　神宮館編集部・編著（神宮館）
『暦のある暮らし』
　松村賢治・監修（大和書房）
『日本の知恵ぐすりを暮らしに―身近な食材でからだ調う―』
　瀬戸内和美・文（東邦出版）
『日本の七十二候を楽しむ―旧暦のある暮らし―』
　白井明大・文　有賀一広・絵（東邦出版）
『もっと！暮らしたのしむ　なごみ歳時記』
　三浦康子・監修（永岡書店）
『和の暮らしが楽しい！おうち歳時記』
　中西利恵・監修　伊藤美樹・イラスト（成美堂出版）

本作は毎日新聞にて連載中の「もったいないばあさん日記」より、2005年10月から2016年8月までの掲載分の中から抜粋、加筆、修正したものです。

年中行事の内容や時期は地域によって異なります。
また由来も諸説あります。

もったいないばあさんの知恵袋《ちえぶくろ》

2016年11月28日　第1刷発行
2022年12月 1 日　第2刷発行

作・絵　真珠《しんじゅ》まりこ

発行者　鈴木章一
発行所　株式会社 講談社
〒112-8001　東京都文京区音羽2-12-21
電話　編集　03-5395-3534
販売　03-5395-3625
業務　03-5395-3615

KODANSHA

印刷所　株式会社 精興社
製本所　大口製本印刷株式会社

©Mariko Shinju 2016　Printed in Japan
ISBN978-4-06-220001-1　N.D.C.726　206p　21cm
落丁本・乱丁本は、購入書店名を明記のうえ、小社業務までお送りください。送料小社負担にてお取り替えいたします。なお、この本についてのお問い合わせは、第六事業局幼児図書編集までお願いいたします。本書のコピー、スキャン、デジタル化等の無断複製は著作権法上での例外を除き禁じられています。本書を代行業者等の第三者に依頼してスキャンやデジタル化することは、たとえ個人や家庭内の利用でも著作権法違反です。定価はカバーに表示してあります。

ブックデザイン・脇田明日香